国家社科基金重大委托项目
《中国少数民族语言文化研究》成果

中国少数民族会话读本

中国社会科学院创新工程学术出版资助项目

朝　克／主编

东乡语366句会话句

少数民族语
汉 英 日 俄

哈申格日乐／著

社会科学文献出版社
SOCIAL SCIENCES ACADEMIC PRESS (CHINA)

总　序

我国正处在文化大发展、大繁荣的美好时期。中央政府在十七届六中全会上，以全会名义提出文化事业繁荣发展的纲领性指示精神。这为我国文化事业的发展奠定了雄厚的思想理论基础，并指明了未来很长一段时期内文化事业科学发展的总路线。我们必须不失时机地紧紧抓住文化事业发展的大好机会，为我国古老文明的挖掘、整理、抢救、保护、传承和繁荣发展作出新的贡献，为我国的文化事业增添新的光彩、新的辉煌。我国是一个由多民族组成的和谐文明的国家，在这个大家庭里，各民族同胞互相尊重、和谐相处、相互学习、取长补短、共同努力、团结共进，用他们共同的劳动和智慧建设着美好的家园。

不过，我们同时也深刻感受到，在科学技术日益普及，经济社会快速发展，以及不同外来语言文化的直接或间接影响下，我国各民族的语言文化正不断走向濒危或严重濒危。一些人口较少民族的语言，只有极其少数的传承人会讲、能懂、会用，而绝大部分人已经不再使用或不太熟悉了。在这关键时刻，我国政府高瞻远瞩地明确提出，要用最大的努力使不同民族的语言文化共同繁荣发展，要不惜代价地抢救和保护那些已经进入濒危或严重濒危状态的民族语言文化。这也是我们决定实施本项课题的初衷所在。

我们想通过本项课题，将我国55个少数民族的366句口语用特定符号系统转写下来，同时用汉语、英语、俄语、日语进行意译。这是为了：（1）让更多的人参与到对我国民族语言文化的抢救、保护、学习、传承的伟大事业中来；（2）抢救和保护濒危民族语言口语及其话语资料、口语历史文献等；（3）尽量对外传播我国55个少数民族语言口语及其会话知识。

但愿我们的这项工程能为我国民族语言文化的抢救、保护、传承、弘扬，为迎来我国各民族语言文化大繁荣大发展的美好时代起到积极的推动作用。

Preface

Now, China is in a time of cultural development and flourishing. In the Sixth Plenary Session of 17th CPC Central Committee, the programmatic instructions for cultural development were put forward. This laid a strong ideological and theoretical foundation for China's cultural development, and also marked its direction. We must grasp firmly this excellent opportunity for cultural development and do something to contribute toward the excavation, sorting, rescue, protection, transmission and development of China's advanced culture and ancient civilization. China is an ancient civilization where many ethnic groups coexist harmoniously. In China, members of all ethnic groups respect one another, get along harmoniously, learn from one another, and work together in unity in order to build a beautiful country.

However, we can see that our nation's linguistic culture

is constantly facing dangers, under the direct and indirect influences of the growing role of science and technology in everyday life, rapid economic and social development, and a variety of foreign languages and culture. For the language and culture of minority nationalities with very small population, only a few people can speak and understand them. Most people can't speak their ethnic language or have become less familiar with it. At this critical moment, the government has asked us to make the efforts to accomplish the flourishing and development of all different ethnic languages and their cultures at all costs, and to save and protect our ethnic languages and cultures. This is the reason why we implemented this project.

The purpose of this project is to put together 366 sentences used in everyday conversation in 55 ethnic minority languages by recording them using specific symbolic systems. We then translate them into Chinese, English, Russian and Japanese. This is to: (1) allow more people to participate in the rescue and protection of our nation's ethnic languages and cultures, and to learn and inherit them; (2) rescue and protect our nation's ethnic languages, oral materials pertaining to their spoken form and oral historical documents, especially the critically endangered ethnic languages; (3) strengthen as far as possible the international communication about China's 55 minority ethnic languages in their spoken form and knowledge about their dialogues.

We hope that this project can play an active role in the process of rescuing, protecting, developing and enriching our nation's ethnic language and culture. And we hope the project will help usher in a new era of shared flourishing of all of our nation's ethnic languages and cultures.

Предисловие

В данный момент наша страна встречает своё самое хорошее время, когда быстро развивается и процветается наша национальная культура. На 6 – м пленуме ЦК КПК 17 созыва выдвинулся программный курс на развитие и процветание культуры нашей страны, который заложил теоретическую основу и генеральную политику развития культуры Китая в будущем перспективном времени. Мы должны хорошо пользоваться таким случаем и всеми силами искать, упорядочить, спасать, защищать и наследовать китайскую цивилизацию и внести новый вклад в культурное дело нашей страны.

Наша страна – это древнее и многонациональное государство, в котором все национальности, как в одной семье, уважают друг другу, учатся друг другу, перенимают положительно друг у друга, дружно живут и работают, совместно строят свою прекрасную Родину.

В то же время мы и глубоко сознаем, что попав под влиянием глобазации во областях экономики и научно – техники всеобщее состояние языковой культуры нацменьшинств нашей страны очень печальное и беспокойное, она даже идёт на краю гибели. Сейчас только мало людей из нацменьшинств умеет говорить, понимать, использовать свой национальный язык. А большество нацменовских людей уже не говорят или не могут хорошо знать своего национального языка. Наше правительство на это обращает большое внимание и решает изо всех сил стараться спасти и защитить нацменовские языки и нацменовскую культуру нашей страны. Вот почему мы решили взяться за такую задачу – редактирование серию книг《366 фраз диалогических речей по 55 национальностям Китая》.

Редактируя ряда таких книг, мы хотим, чтобы побольше людей могли участвовать в дело спасения, изучения, наследования и защиты национальных языков, чтобы спасти и защитить разговорный язык и письменные документы национальных культур, которые уже на краю гибели, чтобы широко распространять диалогических речей и языковые знания по 55 национальностям Китая.

Надеемся на то, что наша работа сможет принести большую пользу в наследование и защиту национальных языковых культур нашей страны. Мы верим, что уже приходит новая эпоха процветания национальных языковых культур нашей страны.

はしがき

私達の国は、今、文化が大きく発展しつつあり、政府も、中国共産党第十六回大会第七次全体会議において、文化事業の発展に関する幾つかの方針を示したが、それは、今後の発展の思想的、理論的基礎を固めただけでなく、将来の科学的発展の路線を示すものでもあった。したがってこれを契機に、私達の国の文化および古代文明の発掘、整理、保護、伝承に関する事業は、新たな輝かしい成果を得ると考えて良いだろう。

私達の国は、多民族が調和の中に暮らす文明大国である。各民族が互いを尊重し、友好的に接し、互いに学び、共に努力し、一致団結のもと、協働と共同の知恵によって、美しいホームランドを形づくっているのである。

しかしその一方、現代の科学技術の普及や経済発展、様々な外来言語文化の直接？間接の影響などによって、各民族の伝統的な言語文化が、深刻な存続の危機に瀕しているのも事実である。特に、人口の少ない一部の少数民族にあっては、自分達の伝統文化や言語を解する人が、極めて少人数になっている。このような現状に鑑み、私達の国は、自国の将来を見据え、最大の努力を尽くして各民族の言語文化を発展させること、また多大な代償をはらっても、深刻な存続の危機に陥っている言語文化を保護することを明確に示した。そしてこれは、私達がこのプロジェクトを実施する上での初志であると同時に、目的でもあるのである。

プロジェクトを通じて、私達は366句の会話を、各55の少数民族の特定された記号システムによって転写し、その上に中国語、英語、ロシア語、日本語の訳文を付した。その目的は、(1) 大勢の人々に対し、我国民族言語文化の保護、学習、伝承事業への参加を促すため、(2) 深刻な存続危機に瀕している民族言語の口語資料、口語歴史文献などを保護するため、そして(3) 出来る限り我国55の少数民族の口語と会話資料を、対外的に広め、伝えるためである。

このプロジェクトが、私達の国の民族言語文化の保護、発展、繁栄を促し、さらなる発展に寄与し、素晴らしい時代を迎える力になることを願ってやまない。

目　录

前　言

东乡族是我国北方少数民族之一。主要聚居在甘肃省临夏回族自治州东乡族自治县和积石山保安族东乡族撒拉族自治县，还有一部分散居在甘肃的永靖、临夏、康乐、广河、和政等市县，宁夏的固原市，青海的个别地区及新疆等地。依据 2000 年我国人口普查，东乡族人口为 513805 人。东乡族的名称和居住的地区有关。东乡族自治县所在地原属和州。当时和州分为东、西、南、北四乡，东乡是四乡之一。东乡族以所居住的地名而沿称为“东乡”。新中国成立后，确定了民族成分，并根据东乡族人民的意愿，定名为“东乡”。1950 年，建立了县一级的东乡族自治区，1955 年，改名为东乡族自治县。

关于东乡族的来源，学界大致有三种说法：其一，东乡族是成吉思汗西征时留驻河州一带的蒙古军后裔，逐渐由“兵”变为“民”的；其二，东乡族是元代窝阔台汗国境内一部分蒙古人的后裔，这部分蒙古人因受当时信仰伊斯兰教的民族的影响，而改信伊斯兰教，从而与原信仰佛教的蒙古族发生冲突，被认为是宗教叛徒，被迫迁来东乡的；其三，东乡族是各民族融合而成的。认为东乡族是以东乡地区的回族为主，融合了当地的蒙古族、汉族、藏族及其他民族，长期发展而来的。据史料，东乡族主要来源于蒙古族。13 世纪以来，东乡地区就有蒙古屯军。其后在漫长的历史发展过程中，他们逐渐向“民”转化，并不断吸收了当地汉、回、藏等族人民的成分，联结成为一个不可分割的整体。

东乡语属于阿尔泰语系蒙古语族，它与同语族的各语言之间既有相同之处又有不少自身特点。如有相当数量的同源词，大部分语法范畴和语法形式是共同的，还有句子结构为主、谓、宾次序，状语在谓语前面，定语在被修饰词之前等相同之处。除此之外，东乡语在语音方面，元音没有长短的对立，保存词首摩擦音 f，h。这是东乡语与其他同语族语言的不同之处。东乡族没有本民族的文字。

东乡族是一个具有悠久历史和优秀传统文化的民族。东乡族的文化艺术具有浓厚的民族特色。“花儿”是东乡人民喜闻乐见的民族演唱形式。东乡族还有许多流传在民间的叙事诗和故事、传说、童谣、谚语和谜语等。如《米拉尕黑》《白羽飞衣》《老奶奶的孙子》《哭哭啼啼来迎接》等。

东乡族人以小麦、豆类、青稞、土豆为主食，忌食猪、狗、马、驴、骡或凶猛禽兽的肉。忌反着手倒水，吃饼和馒头忌整吃。饮食中最有名的是“拉拾哈”（拉面）、炸油香、“尕鸡娃”和手抓羊肉。他们特别喜欢喝茶，每餐必有茶，并以“三香茶”接待宾客。

经过60多年的建设和发展，东乡族人民的生活发生了翻天覆地的变化。他们大力提倡水土保持和植树造林，积极兴修水利。还兴办了发电、农具制造、水泥、面粉、砖瓦等工厂。在交通运输方面也建立起以锁南镇为中心的公路网，汽车可直达兰州、临夏和县内各乡镇，大车路更是四通八达。在医疗卫生方面，设立了医疗卫生机构，并建有制药厂。过去长期危害人民健康的黑热病、麻风病早已绝迹。这一切成就推动了东乡族地区社会经济的全面发展。在改革开放的新时期，东乡族人民积极投入建设和发展国家与自己家园的洪流中，经过自己的努力和各民族的共同奋斗，东乡族人民的经济、文化水平有了很大的提高。

凡　例

一、会话资料尽量选用与人们现代生活较为密切的366个短句。选择这些短句，主要是为了使人们易学、易记、易掌握、易使用。说是短句，但用民族语讲起来就变得长一些。

二、会话中用民族语表述比较困难或译说相当麻烦，或者由此会使句子拉得很长的个别内容直接用民族语中使用的借用词取而代之。

三、有的句子，用民族语原原本本地译出，确实有些难度。为此，对于类似的个别句子，主要依据民族语习惯说法进行表述或译写。

四、书中的东乡语会话资料，主要使用了宁夏回族自治区锁南坝镇的东乡族使用的东乡语口语调查资料。

五、转写符号主要运用了国际上较为普遍使用的音标系统。不过，其中的音标 e、g、z、c、zh、ch、sh、y、h 等，分别替代该语言中经常用国际音标 ɡ、z、c 转

写的短元音 ə、e 以及辅音 G→ʁ、ʣ、ts、ʑ→ʤ→ʥ、ʨ→ʧ、ʂ→ɕ、j、χ 等。

六、该书选定的300个单词也是与人们的日常生活最为密切，并具有一定代表性的词汇成分。其中，名词最多，其次是动词、代词、形容词、数词，而副词、连词只是象征性地择取了一两个实例。不过，基本词汇尽量照顾到了使用率较高的词条。

七、基本词汇部分选入的词汇是按照名词、代词、形容词、动词、数词、副词、连词的先后顺序进行的排列。

八、在基本词汇表中，虽然尽量照顾到了会话资料里出现诸多词条，但借词、复合词，以及使用率较低的词等没有纳入列表中。

东乡语语音系统

一、元音：元音不分长短，分单复。

1. 单元音：a、e、i、o、u。

2. 复元音：复元音分前响二合元音、后响二合元音和三合元音。

前响二合元音：ai、ei、ao、ou。

后响二合元音：ia、ie、ua。

三合元音：iao、iou（iu）、uai、uei（ui）。

二、辅 音：b、p、m、f、d、t、n、l、r、s、z（ʣ）、c（ʦ）、zh（ʑ、dʐ、ʥ）、ch（ʨ、tʂ）、sh（ʂ、ɕ）、g（ɢ、ʁ）、k、h（χ）、ɤ、y（j）、w、ŋ。

东乡语 366 句会话句

（一） pinnan asaku
问　候
Greetings
Приветствие
挨　拶

1. chi gao nu?
你　好　吗

你好吗?

How are you?

Как дела?

お元気ですか?

2. gao wo na !
好 在 呀

我很好!

(I'm) Very well, thanks.

Хорошо!

元気です。

3. chini beye gao wo nu?
你 身体 好 在 吗

你身体好吗?

How are you feeling today?

Как здоровье?

あなたの体調はいかがですか?

4. oluna wo.
还 行

还可以!

I'm fine.

Нормально.

まあまあです。

5. mini beye hende ɡao wi.
我 身体 那样 好 不

我身体不太好。

I'm not feeling well.

Неважно.

私の体調はあまりよくありません。

6. echiemaɡa ɡao!
早 好

早晨好!

Good morning!

Доброе утро!

おはようございます。

7. sini ɡao nu !
晚上 好 吗

晚上好!

Good evening!

Добрый вечер!

今晚は。

8. chi ene olon cha yaŋgizhu wo?
你 这 近 时间 忙 吗

你最近忙吗？

Have you been very busy?

Ты занят?

最近お忙しいですか？

9. bi yaŋgizhuwi.
我 忙 不

我不太忙。

I have not been very busy.

Не очень занят.

あまり忙しくないです。

10. bi hudu yaŋgizhu wo.
我 很 忙

我很忙。

Oh, pretty busy.

Занят.

私は大変忙しいです。

11. bi tani tanisen hudu bayasine.
我 你 认识 很 高兴

认识你很高兴。

Nice to meet you!

Рад с вами познакомиться.

お会いできてとても嬉しいです。

12. bi chimade bayasu wo.
我 对你 高兴 是

谢谢你。

Thanks.

Спасибо!

ありがとうございます。

13. saigala.
再见

再见!

Goodbye! (See you!)

До свидания!

さようなら。

14. gao　huntura！
　　好好　睡觉

晚安！

Good night！

Спокойной ночи！

おやすみなさい。

15. chini iresende bi bayasine.
　　你　　来　　我　高兴

欢迎你。

Welcome！

Приветствую вас！

ようこそ。

16. mozhiere lalagan yawu！
　　路上　　慢　　走

路上慢走。

Take care！（Come back and see us again！）

Счастливого пути.

お気をつけて。

17. chi bosi wi we?
你 起床了 吗

你起床了吗?

Are you up yet?

Ты встал?

起きましたか?

18. bi puse bosizhe irewi.
我 还 起床 来没

我还没起床。

Not yet.

Я ещё в кровати.

まだ起きていません。

19. bi izhin bosizhe irewe.
我 已经 起床 来了

我已经起床了。

Yes, I am.

Я уже встал.

私はもう起きました。

20. chi fuzhugu shieyi gao huntura wo?
你 昨 晚 好 睡了 吗

你昨晚睡得好吗?

Did you sleep well last night?

Как вам спалось вчера вечером?

昨日の夜、よく眠れましたか?

21. chini nere yan giene?
你 名字 什么 叫

你叫什么名字?

What's your name, please?

Как тебя зовут?

お名前は何ですか?

22. mini nere ×× giene.
我 名字 ×× 叫

我叫××。

My name is...

Меня зовут ××.

お名前は何ですか?

23. chi yan shiŋ giene?
你 什么 姓 叫

你贵姓？（你姓什么？）

What is your surname?

Какая ваша фамилия?

あなたの苗字は何ですか？

24. bi × × shiŋ.
我 ×× 姓

我姓××。

My surname is. . .

Моя фамилия × ×.

私の苗字は××です。

25. chi nere pizhise shiŋ pizhi wo?
你 名字 写时 姓 写 吗

你写名字时写姓吗？

Do you include your surname in your signature?

А ты пишешь имя вместе с фамилией?

あなたは名前を書く時、苗字を書きますか？

26. bi shiŋ pizhi wi.
我 姓 写 不

我不写姓。

No, I don't.

Нет, без фамилии.

私は苗字を書きません。

27. bizhien matuma shiŋ pizhiwo.
我们 必须 姓 写

我们必须写姓。

But we have to.

А мы обязательно с фамилией.

私たちは苗字を必ず書きます。

28. tani shiŋ hala pizhiwo?
你们 姓 哪里 写

你们把姓写在哪里?

Does your given name or family name come first?

Где вы пишите фамилию?

あなたたちは苗字をどこに書きますか?

29. nereni meilie pizhiwo.
名字　前面　　写

写在名字前面。

The family name comes first.

Перед именем.

名前の前に書きます。

30. chini nire shi oruŋ minzu kielien wo?
你的 名字 是 自己 民族　 语　 吗

你的名字是本民族语吗？

Is your name in your native language?

А твое имя на родном языке?

あなたの名前は母語の名前ですか？

31. pushi , bi kideini kielien niere nairawo.
不是，我 汉 语 名字 起的

不是，我是用汉语起的名字。

No. My name is in Chinese.

Нет, моё имя на китайском языке.

いいえ、私は漢語で名前を付けました。

32. oluzhi wo, bi shi oruŋ minzu kielien niere
是的， 我 是 自己 民族 语 名字
nairawo.
起的

是的，我是用母语起的名字。

Yes, indeed.

Да, моё имя на родном языке.

はい、私は母語で名前を付けました。

33. chi shi ali oron kun?
你 是 哪 地方 人

你是哪里人?

Where are you from?

Вы откуда?

あなたはどこの人ですか?

34. bi shi beizhing kun.
我 是 北京 人

我是北京人。

I'm from Beijing.

Я пекинец.

私は北京の出身です。

35. chini agin shi ula zhiere wainu?
你的 家乡 是 山 上 在吗

你家乡在山区吗?

Are you from a mountainous area?

Твоя родина в горном районе?

あなたの故郷は山村ですか?

36. pushi , mini agin caoyen zhiere waine.
不是，我的 家乡 草原 上 在

不是，我家乡在草原。

No, I'm from the prairie.

Нет, моя родина в степном районе.

いいえ、私の故郷は草原です。

37. oluzhi wo, mini gie ula zhiere waine.
是的， 我的 家 山 上 在

是的，我家在山区。

Yes, I live in the mountains.

Да, моя родина находится в горах.

はいそうです、私の故郷は山村です。

38. mini gie bazade waine.
我的 家 城里 在

我家在城里。

I live in the city.

Моя семья в городе.

私の家は都市にあります。

39. heni gie aginde waine.
他的 家 农村 在

他家在乡村。

He lives in the country.

Его семья в селе.

私の家は農村にいあります。

40. chi nasun giedun oluwo?
你 岁数 多大 成了

你多大岁数了?

How old are you?

Сколько тебе лет?

あなたのお年は?

41. bi ene hon haran naiman nasun oluwo.
我 这 年 十 八 岁 成了

我今年十八岁了。

I'm 18.

Мне в этом году уже 18 лет.

私は今年十八歳になりました。

42. he puse hudu zhalao.
他 还 很 年轻

他还很年轻。

He's still pretty young.

Он ещё молод.

彼はまだ若いです。

43. bi yizhin ochiaoluwo.
我 已经 老了

我已经老了。

I'm not young any more. (I'm getting old.)

Я уже старый.

私はもう年です。

44. chini nasun fudu oluni xiwan gieye.
您的 岁数 长 有 希望 做

祝您长寿!

I wish you a long life.

Желаю Вам долгих лет жизни.

お元気で。

45. magashi ochiraya !
明天　　　见

明天见!

See you tomorrow.

До завтра!

また明日。

(二) gie qinkuan
家庭情况
Family
Семья
家庭

1. ene shi chini gie wo?
   这 是 你的 家 吗

   这是你家吗？

   This is your family, isn't it?

   Это твоя семья?

   ここはあなたの家ですか？

2. chini giede giedun kun waine?
   你的 家 几口 人 有

   你家有几口人？

   How many people do you have in your family?

   Сколько человек в твоей семье?

   あなたの家は何人家族ですか？

3. giede ada 、 ana zhi bi waine.
家里 爸爸、妈妈 和 我 有

家里有爸爸、妈妈和我。

There are three people in my family: my father, my mother, and I.

В моей семье папа, мама и я.

家には父と母、そして私がいます。

4. chi gayizhiao ochinzhiao wainu?
你 兄弟 姐妹 有吗

你有兄弟姐妹吗?

Do you have siblings?

У тебя есть сестры и братья?

あなたには兄弟がいますか?

5. bi shi niezhegan (niezhen) kewos wo.
我 是 独 自的 孩子

我是独生子。

I'm the only child in my family.

Я один.

私は一人っ子です。

6. adani shi keshuezhia wo.
爸爸他的 是 科学家

他爸爸是科学家。

His father is a scientist.

Его папа учёный.

彼の父親は科学者です。

7. anani shi uranchi wo.
妈妈她的 是 艺术家 是

她妈妈是艺术家。

Her mother is an artist.

Её мама художница.

彼女の母親は芸術家です。

8. chini giede pusezila kun wainu?
你的 家里 其他 人 有吗

你家里还有其他人吗?

Do you have any other relatives?

Кто ещё есть в твоей семье?

あなたの家にはほかに誰がいますか?

9. namade yeye zhi nainai waine.
我 爷爷 和 奶奶 有

我有爷爷和奶奶。

I have a grandfather and a grandmother.

В моей семье ещё дедушка и бабушка.

祖父と祖母がいます。

10. terela gielie goŋzuo hamurazhi giede waine.
他们 都 工作 休息 家 在

他们都退休在家。

They have retired.

Они теперь уже на пенсии.

彼らは定年退職して家にいます。

11. chi yan ɡiezhi wo?
你 什么 做

你在做什么?

Do you work or are you a student?

Чем ты занимаешься?

あなたは何をしていますか?

12. bi shi nie shieshenŋwo.
我 是 一 学生

我是一名大学生。

I'm in college.

Я студент.

私は大学生です。

（三） bodan izhie

餐 饮

Food and Drink

Поставка

飲 食

1. chi budan izhie wi ye?
你 饭 吃 了 吗

你吃饭了吗？

Have you had dinner (breakfast or dinner)?

Ты поел?

あなたはご飯を食べましたか？

2. u wo , bi budan wiye izhiewo.
没有，我 饭 没 吃

没有，我还没吃饭呢。

Not yet.

Нет, я ещё не ел.

いいえ、私はまだご飯を食べていません。

3. olozhi wo , bi izhin izhiewo.
对， 我 已经 吃完了

对，我已经吃过了。

Yes, I have.

Да, я уже поел.

はい、私はもう食べました。

4. chi yaoshe izhiesen wo?
你 早餐 吃过 吗

你吃过早餐了吗?

Have you had breakfast?

Ты уже позавтракал?

あなたは朝食を食べましたか?

5. he yaoshe yan izhiewo?
他 早 餐 什么 吃了

他早餐吃的什么?

What did he have for breakfast?

Что у него было на завтрак?

彼は朝食に何を食べましたか?

6. gaga mianbao izhiewo.
哥哥 面包 吃了

哥哥吃的面包。

My elder brother had some bread.

Брат позавтракал хлебом.

兄はパンを食べました。

7. geuzhigan ochin zhiao nie beizi fugie naizi ochiwo.
小 女 弟 一 杯 牛 奶 喝了

小妹妹喝了一杯牛奶。

My younger sister had a glass of milk.

Сестра выпила молоко из стакана.

妹は牛乳を一杯飲みました。

8. ada yaoshede yiban gielie kapei ochine.
爸爸 早餐 一般 都 咖啡 喝

爸爸早餐一般都喝咖啡。

My dad drinks coffee at breakfast.

Папа обычно пьет кофе на завтрак.

父は普段朝食にコーヒーを飲みます。

9. he kapeini ochiku duran wi.
他 咖啡 喝 喜欢 不

他不喜欢喝咖啡。

He doesn't like coffee.

Он не любит пить кофе.

彼はコーヒーが嫌いです。

10. endegei izhiesen wo?
鸡蛋 吃过了 吗

吃过鸡蛋了吗?

Did you have an egg?

Съел ли ты яйцо?

卵を食べましたか?

11. helani giede yaoshede mitan ochine.
他们 家 早餐 稀粥 喝

他们家里早餐喝稀粥。

His family has porridge for breakfast.

Дома они едят кашу на завтрак.

彼らの家では朝食にお粥を食べます。

12. bi dakon haran gua zhiende udukunwo.
我 大约 十 二 点 吃午饭

我大约在十二点吃午饭。

I have lunch at around 12 o'clock.

Я обедаю около в 12 часов утра.

私は大体 12 時頃に昼ご飯を食べます。

13. tani udukunde yiban yan izhiene?
你们 午 饭 一般 什么 吃

你们午饭一般吃什么？

What do you usually eat for lunch?

Что вы едите на обед?

あなたたちはお昼に何を食べますか？

14. udukunde zhingchang lashiga izhiewo.
日 午 经常 面 饭 吃

中午经常吃面条。

We often have noodles for lunch.

Мы часто едим лапшу на обед.

お昼にはよくうどんを食べます。

15. mini ochin zhiao udukunde izhieku choɡon miyane.
我　女　弟　午　饭　吃　少　非常

我妹妹午饭吃的很少。

My younger sister doesn't eat a lot at lunch.

Моя сестра очень мало ест на обед.

妹はお昼をたくさん食べません。

16. olun kun udu dunda ɡudun budan izhiene.
许多人　日　午　快　饭　吃

许多人中午吃快餐。

Many people eat fast food for lunch.

Многие едят фаст - фуд на обед.

多くの人はお昼にファストフードを食べます。

17. heifan zhizhiende izhiene?
晚饭　几点钟　　吃

晚饭几点钟吃?

When do you usually have dinner?

Когда ты ужинаешь?

何時に夕食を食べますか?

18. uzhieshilien liuzhiende heifanda.
午后　　　　六点　　晚饭吃

下午六点左右吃晚饭。

Around six.

Мы ужинаем около в 6 часов вечера.

六時頃夕食を食べます。

19. heifande budan korusen cai oloŋ izhiene.
晚餐 米饭 炒 菜 多 吃

晚餐吃米饭炒菜的时候多。

We usually have rice and some stir-fried dishes for dinner.

Мы часто едим рис и жареное на ужин.

夕食にはご飯と野菜炒めを食べることが多いです。

20. anani korusen cai yagani andatusa.
妈妈 做 菜 特别 好吃

妈妈做菜特别好吃。

My mother is a brilliant cook.

Мама очень вкусно готовит.

母の料理はとてもおいしいです。

21. gaga chechan gadana budan izhiene.
哥哥　经常　外面　饭　吃

哥哥经常在外面吃饭。

My brother often eats out.

Брат часто кушает в ресторанах.

兄はよく外食します。

22. mini baba pizhiu ochiku duran wo.
我　叔叔　啤酒　喝　喜欢

我叔叔爱喝啤酒。

My uncle loves beer.

Мой дядя любит пить пиво.

叔父はビールが大好きです。

23. he darasuda duran wi.
他　喝酒　喜欢　不

他一点也不喜欢喝酒。

He doesn't like to dirnk.

Он вообще не пьёт.

彼は酒嫌いです。

24. ene chadade bodan gie wainu?
这　附近　饭　屋　有吗

这附近有餐厅吗?

Are there any restaurants near here?

Есть ли здесь поблизости ресторан?

この近くにレストランはありますか?

25. mo　duimianni bodan gie waine.
马路　对面　饭　屋　有

马路对面就有餐厅。

You can find one across the street.

На противоположной стороне улицы есть ресторан.

道路の向こう側にはレストランがあります。

26. ende shi bodan gie waine.
这里 是　饭　屋　有

这里就是餐厅。

Right here is a restaurant.

Это ресторан.

ここがレストランです。

27. nie hu cha ani .
    一 壶 茶 给我

请给我上一壶茶水。

Waiter! A pot of tea, please.

Мне чай, пожалуйста!

お茶を一杯ください。

28. bi nie iga fugie miga lashiga duralana.
    我 一 碗 牛 肉 面 饭 想要

我想点一碗牛肉面。

I'd like a bowl of beef noodles.

Мне лапшу с говядиной.

肉うどんを一つください。

29. ene bodan gieni izhie andatusa.
    这 饭 屋的 饭菜 真好吃

这家餐厅的饭菜真好吃。

The food at this restaurant is very good.

Блюда в этом ресторане очень вкусные.

このレストランの料理は大変おいしいです。

（四） shieshiao
学　校
School
Школа
学　校

1. ende shi shieshiao wo?
这里 是 学 校 吗

这里是学校吗?

This is a school, isn't it?

Это школа?

ここは学校ですか?

2. oluzhi wo, ene shi nie ɡa shieshiao wo.
是的，　这 是 一 小 学 校

是的，这是一所小学。

Yes, it's a primary school.

Да, это начальная школа.

はい、ここは小学校です。

3. he shi nie hudu minshenni dunda shieshiao wo.
   那 是 一 很 有名的 中 学 校

那是一所很有名的中学。

That's a very famous school.

Это очень известная средняя школа.

そこは有名な中学校です。

4. dunda shieshiaoni kanzide fugie shieshiao waine.
   中 学的 旁边 大 学 有

中学的旁边是所大学。

Next to the middle school is a college (university).

Рядом со средней школой университет.

中学校の隣は大学です。

5. he shi nie togani laoshi wo.
   他 是 一 数学 老师

他是一位数学老师。

He's a math teacher.

Он учитель математики.

彼は数学の先生です。

6. tereni kochen kieliekuni hudu ɡao wo ne.
他　课　讲　很　好

他的课讲得很好。

He gives great lectures.

Он хорошо преподает.

彼の講義はとてもいいです。

7. shieshenŋla tereni kochen kieliekuni hudu sonosuku
学生们　他　课　讲　很　听

duran waine.
愿意　有

学生们愿意听他讲的课。

Students enjoy his lectures.

Ученики очень любят идти на его уроки.

学生たちは彼の講義を聞きたがります。

8. chini aɡu puse laoshi wo?
你 姑姑 也 老师 吗

你姑姑也是老师吗?

Your aunt is also a teacher, isn't she?

Твоя тётя тоже учительница?

あなたの叔母様も教師ですか?

9. oluzhi wo, he puse nie laoshi wo.
是的, 她 也 一 老师

是的，她也是一位老师。

Yes, she is.

Да, она тоже учительница.

はい、彼女は教師です。

10. he shi ene ɡa shieshiaoni laoshi wo?
她 是 这 小 学校的 老师 吗

她是该小学的老师吗?

Does she teach at/in this school?

Работает ли она в этой начальной школе?

彼女はこの小学校の先生ですか?

11. pushi wo, he shi dunda shieshiaoni laoshi wo.
不是，　她 是　中　学校的　老师

不是，她是中学老师。

No, she doesn't. She teaches in a middle school.

Нет, она работает в средней школе.

いいえ、彼女は中学校の先生です。

12. terede dakuan niuduni kochen waine.
她　几乎　每天　课　有

她几乎每天都有课。

She has class almost everyday.

У неё почти каждый день есть уроки.

彼女はほとんど毎日授業があります。

13. he yaŋ kochen soruɡana wo?
她 什么　课　教

她教什么课?

What does she teach?

Что она преподает?

彼女はどんな科目を教えていますか?

14. kielien kochen sorugana.
语言　　课　　教

教语言课。

Language.

Филологию.

国語を教えています。

15. yaŋ　kielien kochen sorugana?
什么　语言　　课　　教

教什么语言?

Which language?

Какой язык?

どの言語を教えていますか?

16. tere shi kideini kielien kochen sorugana .
她　是　汉　语言　　课　　教

她教的是汉语言课。

Chinese language.

Китайский язык.

彼女は中国語を教えています。

17. chini aguni dunda shieshiao hala wo?
你　姑姑　中　学校　哪　在

你姑姑的中学在哪里?

Where is your aunt's school?

Где школа твоей тёти?

あなたの叔母様の中学校はどこにありますか?

18. ene ga shieshiaoni kanzide waine.
这　小　学校　旁边　在

就在该小学旁边。

Just next to the primary school.

Рядом с этой начальной школой.

小学校の隣にあります。

19. shieshiaode tushuguan wainu?
学校 里　图书馆　有吗

学校里有图书馆吗?

Does the school have library?

Есть ли в школе библиотека?

学校に図書館はありますか?

20. shieshiaode tushuguan waine, puse yielanshi waine.
学校里　　图书馆　　有　　还　阅览室　　有

学校里不仅有图书馆，还有阅览室。

Yes. It has a library and reading rooms.

В школе есть библиотека и читальный зал.

学校には図書館だけでなく、閲覧室もあります。

21. ene shi shieshiaoni yendoŋchaŋ wo.
这　是　学校的　　　运动场

这里是学校的运动场。

Here is the sports field.

Это школьный стадион.

ここは学校の運動場です。

22. aiya， ene shieshiaoni yendoŋchaŋ fugie wo.
啊呀，这 学校的 运动场 真大 呀

啊呀，学校的运动场可真大呀！

Wow. It's so big.

Ах, какой большой стадион.

ああ、学校の運動場は広いですね。

23. shieshiao nie honni liuye ende yundoŋhui niene.
学校 一 年 六月 这里 运动会 开

学校每年六月都在这里开运动会。

The school sports day is usually in June.

Каждый год в июне в школе проходят спортивные соревнования.

学校は毎年六月にここで運動会を開きます。

24. shiashenŋla duranse shigeni tiyini bisaide orone.
学生们 自愿 各种 体育 比赛 参加

学生们自愿参加各种体育比赛。

Students voluntarily take part in a variety of games.

Ученики добровольно участвуют в различных спортивных соревнованиях.

学生たちは進んでさまざまな体育競技に参加します。

25. ene shieshiaode puse edeshi bangoŋlou mu
这 学校 还 现代化 办公楼 和
zhiaoshielou waine.
教学楼 有

学校还有现代化的办公楼和教学楼。

The school has modern classrooms and office buildings.

В этой школе также есть современный административный и учебный корпусы.

学校には近代化したオフィスビルと教育棟があります。

26. endeduku shieshenŋla ashiɡan shiacha ɡie suruna.
这里的　学生们　都　努 力　学习

这里的学生们都努力学习。

Students in this school are dedicated and work hard.

Здесь ученики учатся старательно.

ここの生徒たちはみんな頑張って勉強しています。

（五） goŋzuo

工　作

Work

Работа

仕　事

1. chi goŋzuo giezhewo？
　你　工作　　了吗

　　你工作了吗？

　　Do you work？

　　Ты работаешь？

　　あなたは就職しましたか？

2. bi goŋzuo giewi bi shi yanzhiusheŋ wo.
　我　工作　没有，我　是　　研究生

　　我还没有工作，我是在读研究生。

　　No, I don't. I'm now studying for a master's degree.

　　Нет, я ещё не работаю, я учусь в аспирантуре.

　　私はまだ就職していません大学院で勉強しています。

3. bi magashi hon goŋzuode orone giezhi sumulazhi wo.
我 来 年 工作 参加 叫做 想

我打算明年参加工作。

I'm hoping to find a job next year.

Я собираюсь работать в следующем году.

私は来年就職するつもりです。

4. chini gaga kala goŋzuo giezhewo?
你 哥哥 哪儿 工作 做

你哥哥在哪儿工作?

Where does your elder brother work?

Где работает твой старший брат?

あなたのお兄さんはどこで勤めていますか?

5. zhenfubumende goŋzuo giezhene.
政府部门 工作 做

在政府部门工作。

He works for the government.

В правительственном учреждении.

役所に勤めています。

6. he nie ɡao ɡoŋzuo oluwo.
他 一 好 工作 找到了

他找到了一份好工作。

Great. He has got a good job.

У него хорошая работа.

彼はいい仕事を見つけましたね。

7. chini zhiao ɡiezhe ɡoŋzuo oluwo?
你的 弟弟 何时 工作 找

你弟弟是什么时候参加工作的？

When did your younger brother start working?

А когда начал работать твой млацший брат?

あなたの弟はいつから勤めはじめましたか？

8. he udani hon ɡoŋzuo oluwo.
他 去 年 工作 找到

他去年参加了工作。

He got his first job last year.

В прошлом году.

彼は去年から勤め始めました。

9. chini ɡaɡa nie uduni zhizhiende goŋzuole echine?
你的 哥哥 一 天 几点 工作 去

你哥哥每天早上几点上班?

What time does your elder brother go to work everyday?

Когда начинается рабочий день у твоего брата?

あなたのお兄さんのは朝何時に仕事に行きますか?

10. he nie uduni nie eqie bazhien bande goŋzuole
他 一 天 早 上 八点 半 工作
echine.
去

他每天早上八点半上班。

At 8:30am.

В 8:30 утра.

彼は毎朝8時半から仕事をします。

11. chi nie uduni naiman cha ɡoŋzuo ɡiezhiwo?
你 每 天 八 小时 工作 做吗

你每天都工作八个小时吗?

You work eight hours a day, don't you?

У тебя восьмичасовой рабочий день?

あなたは每日八時間働いていますか?

12. oluzhi wo, bizhien nie uduni naiman cha ɡoŋzuo
是的， 我们 一 天 八 小时 工作

ɡiene.
做

是的，我们每天工作八个小时。

Yes, we do.

Да, у нас восьмичасовой рабочий день.

はい、我々は每日8時間働きます。

13. chini azhiu shi yaŋ ɡiezhewo?
你的 舅舅 是 什么 干

你舅舅是做什么的?

What does your uncle do?

Кем работает твой дядя?

あなたの叔父様は何をしている人ですか?

14. he shi nie chiyiezhia.
他 是 一 企业家

他是一位企业家。

He is an entrepreneur.

Он предприниматель.

彼は企業家です。

15. chini inieŋ shi shianshen wo?
你的 姨 是 医生 吗

你姨妈是医生吗?

Is your aunt a doctor?

А твоя тётя врач?

あなたの叔母様は医者ですか?

16. he shi nie shinzhen goŋzuo gieku kun wo.
她 是 一 行政 工作 做的 人

她是一位行政工作人员。

She is a clerk.

Нет, она администратор.

彼女は公務員です。

17. hela goŋzuo giede chirge kaiyiwo?
他们 工作 做 车 开吗

他们上班开车吗?

Do they drive to work?

Они ездят на работу на машине?

彼らは車で通勤していますか?

18. echiya chirge kaiyiwo.
有时候 车 开

有的时候开车。

Sometimes.

Да, иногда на машине.

時々車で通勤します。

19. ma，　goŋzhiaochezi mu ditiede saokuni olun.
　　但是，　公交车　和　地铁　坐　多

但是，乘公交车或地铁的时候多一些。

But, they take the bus or subway more often.

Но, чаще на автобусе или метро.

しかし、バス或いは地下鉄に乗ることがやや多いです。

20. tani　goŋzuo gieku chouzhan yan wo?
　　你们　工作　做　条件　如何

你们的工作条件如何?

How are the working conditions at your job?

Какие у вас условия для работы?

あなたたちの仕事の環境はどうですか?

21. bizhienni goŋzuo gieku chouzhan hudu gao no wo.
我们的　工作　做　条件　很　好

我们的工作环境很好。

Pretty good.

У нас хорошие условия для работы.

私達の仕事の環境はとてもいいです。

22. chi uilieni gao gie.
你　事情　好　做

希望你好好工作。

I hope you like what you do and keep working hard.

Желаю тебе успехов на работе.

お仕事がんばってください。

23. bi kauchu shiachagie goŋzuo giene.
我 一定 努 力 工作 做

我一定会努力工作。

Thanks, I will.

Я непременно постараюсь работать хорошо.

私は頑張って仕事をします。

（六） cha、 mo

时间、交通

Time and Transportation

Время、Коммуникация

時間、交通

1. ede zhizhien oluwo?
现在 几点 成了

现在几点了？

What time is it now?

Который час сейчас?

今は何時ですか？

2. ede shi udu melie zhiuzhien oluwo.
现在 是 上 午 九点 成了

现在是上午九点。

It's 9 o'clock.

Сейчас девять часов утра.

今は午前9時です。

3. tani udu kuina zhizhiende goŋzuo giene?
   你们 下 午 几点 工作 做

你们下午几点上班?

What time does your afternoon shift start?

Когда вы начинаете работу после обеда?

あなたたちの仕事は午後何時からですか?

4. udu kuina liaŋzhienbande goŋzuo giene.
   下 午 两点半 工作 做

下午两点半上班。

At 2:30 pm.

В половине третьего.

仕事は午後2時半からです。

5. heifan zhizhiende yiyou wo?
   晚餐 几点 预约

晚餐预约在几点?

What time is our dinner reservation for?

На какое время заказан ужин?

夕食は何時に予約しましたか?

6. uzhieshilien liu zhizhiende yiyou wo.
晚 六 点 预约

预约在晚六点。

For 6:00 pm.

Около в шести вечера.

午後の6時に予約しました。

7. ene hoche zhizhiende yawune?
这 火车 几点 走

这趟火车几点开?

What time does the train leave?

Когда отправляется этот поезд?

この汽車は何時に発車しますか?

8. udu melie haran cha haran tabun feŋde yawune.
上 午 十 点 十 五 分 走

上午十点一刻开。

At 10:15 am.

В 10.15 утра.

午前十時十五分に発車します。

9. ene shi zhizhienni zhienyin piao ya?
这 是 几点的 电影 票 呀

这是几点的电影票呀?

Which show is this movie ticket for?

На какое время этот билет?

これは何時の映画チケットですか?

10. shinchitian udu kuina ɡuran cha koruntawun feŋni
星期天 下 午 三 点 二十五 分的

zhienyin piao wo.
电影 票

星期天下午三点二十五分的电影票。

It's for 3:25 Sunday afternoon.

Это билет на 15.25 в воскресенье.

日曜日の午後三時二十五分の映画チケットです。

11. chi shieshiao se giede kurukude giedugan cha
你 学校 从 家 到 多少 时间

kereglene?
需要

你从学校到家需要多长时间?

How long does it take to go home from your school?

Сколько времени требуется, чтобы добраться из твоей школы до дома?

あなたは学校から家までどのぐらいかかりますか?

12. zishingchegala dakumu korunfeŋ kereglene.
自行车 大概 二十分 需要

骑自行车需要二十分钟左右。

It's about a 20 – minute bicycle ride.

На велосипеде около двадцати минут.

自転車で20分ぐらいかかります。

13. ende chuzuche wainu?
这里　出租车　有 吗

这里有出租车吗?

Where can I get a taxi around here?

Есть ли здесь такси?

ここにタクシーはありますか?

14. namiyi hochezhiande kuɡowo.
把我　　火车站　　　送

请把我送到火车站。

Take me to the railway station, please.

Пожалуйста, отвезите меня на вокзал!

駅までお願いします。

15. ene ɡoŋzhiaoche zhichaŋde echiwo?
这　　公交车　　机　场　　去吗

该公交车到机场吗?

Does the bus go to the airport?

Можно ли доехать до аэропорта на этом автобусе?

このバスで、空港まで行けますか?

16. zhichaŋde echise zhichaŋdabani sao.
机场 去 机场大巴 坐

去机场请你乘坐机场大巴。

You can take a shuttle to the airport.

Чтобы добраться до аэропорта, воспользуйтесь шаттлом.

空港まではエアポートバスを利用してください。

（七） chienchi

天　气

Weather

Погода

天　気

1. enuduku chienchi matugaŋ wo?
   今　天　天气　　怎样

   今天天气怎样？

   What's the weather like today?

   Какая сегодня погода?

   今日のお天気はどうですか？

2. enudu shi arulusan udu wo.
   今天　是　晴　　天

   今天是晴天。

   It's a fine day.

   Сегодня солнечная погода.

   今日は晴れです。

3. asimanzhiere olien waine, uzhese maɡashi pukudu
天 上 云彩 有了，可能 明天 阴
udu olune.
天 成

天上有云了，明天可能是阴天。

It's cloudy and may be overcast tomorrow.

На небе облака, завтра возможно будет пасмурная погода.

空には雲がかかっています、明日は曇りかもしれません。

4. ɡadane kai feiliene, uzhese zhasuŋ baune.
外面 风 刮， 可能 雪 下

外面在刮风，可能要下雪。

The wind is now blowing and it looks like it may snow.

На улице ветрено, наверно, будет снег.

外は風です、雪が降るかもしれません。

5. ende uruzhu nie fugie gura baowo.
这里 前天 一 大 雨 下了

这里前天下了一场大雨。

It rained heavily here the day before yesterday.

Позавчера здесь был сильный дождь.

ここは、おととい大雨でした。

6. udu nie udu se nie ude kuichiege.
天 一 天 比 一 天 变冷了

天一天比一天变冷了。

It's getting colder every day.

С каждым днем становится всё холоднее.

日増しに寒くなってきました。

7. kuinani kuichiencha kuichie no wo.
北方的 冬 天 冷 很

北方的冬天很冷。

It's pretty cold in the north in the winter.

Зимой на севере очень холодно.

北方の冬はとても寒いです。

8. namianni kaluncha kalun no wo .
南方　　夏 天　热　　很

南方的夏天很热。

It's so hot in the south in the summer.

Летом на юге очень жарко.

南方の夏は大変熱いです。

9. endeni chunchian unchu no wo.
这里　　春 天　温暖　　很

这里的春天很温暖。

It's warm here in the spring.

Весной здесь очень тепло.

ここの春は暖かいです。

10. chiuchan beizhingni hulan lachen saigan no wo.
秋天　北京的　红　叶　漂亮　很

秋天北京的红叶很漂亮。

Beijing is quite lovely in the autumn when the leaves turn red.

Осенью в Пекине очень красивые красные листья.

北京の秋の紅葉はとてもきれいです。

（八）zhienhua eɣeku

打　电话

Phone Call

Позвонить

電話をかける

1. wei ɡao wo nu！ ×× nieretu kun wainu？
   喂！　好 吗！　××　叫的　人　在吗

   喂！你好！请问××先生在吗？

   Hello. Can I speak to Mr....

   Алло！Здравствуйте！Можно ли поговорить с господином ××.

   もしもし、こんにちは。××さんいらっしゃいますか？

2. chi shi ×× nieretu ochidei kun wo?
你 是 ×× 叫的 女 人 吗

你是××女士吗?

Is this Ms....

А Вы госпожа ××?

××さんでいらっしゃいますか?

3. ×× neretu ochidei kunyi nadadu oluzhi ani.
×× 叫的 女 人 给我 找 给我

请给找一下××小姐。

I'd like to speak to Miss...

Можно ли попросить к телефону мисс ××.

××さんをお願いします。

4. chi nie bai (baizhi).
你 一会儿 等

请你等一会儿。

Just a moment (Hold on), please.

Минуточку!

少々お待ちください。

5. he wai wi ne, gadanetu kirizhi wo.
她 不 在, 外 出去了

她不在，出门了。

Sorry, she's not in right now.

Ей сейчас нет, она вышла.

彼はおりません。外出いたしております。

6. chi kielieku kielien wainu?
您 说的 话 有吗

您要留言吗?

Would you like to leave a message?

Нужно ли ему что - то передать?

ご用件を伝えましょうか?

7. bi hede chimade zhienhua nie erege giezhi
我 给她 给您 电话 一 回 叫做

kielieye
说

我转告她给您回电话。

Ok. I'll have her call you back.

Я передам ей, чтобы она Вам перезвонила.

折り返し電話するように伝えておきます。

8. bi shi × ×, chi kien wo?
我 是 × ×, 您 哪位

我是 × ×, 您是哪位?

This is. . . Who's speaking?

Говорит × × , а с кем я говорю?

私は × ×です。どちらさまでしょうか?

9. bi shi chini tuŋshie × × wo.
我 是 你的 同学 × ×

我是你的同学××。

This is your classmate. . .

Говорит твой одноклассник ××.

私はあなたの同級生の××です。

10. bi maɡashi pei hedu eɡeiye.
我 明天 再 他给 打

我明天再给他打。

All right. I'll call him again tomorrow.

Завтра я ему перезвоню.

明日もう一度おかけします。

（九） urima

兴趣

Hobbies

Вкус

趣　味

1. chi gozhieluku doran wainu?
   你　活动　喜欢　有吗

   你喜欢运动吗？

   Do you like sports?

   Ты любишь заниматься спортом?

   あなたは運動が好きですか？

2. bi holuku hudu duran waine.
   我　跑步　很　喜欢　有

   我很喜欢跑步。

   I like jogging.

   Я люблю заниматься бегом.

   私はジョギングが大好きです。

3. he nie uduni lanchiu nadune.
他 一 天 篮球 玩

他每天都打篮球。

He plays basketball every day.

Он каждый день играет в баскетбол.

私は毎日バスケットボールをやっています。

4. bi daori sonosuku duran waine.
我 音乐 听 喜欢 有

我爱听音乐。

I'm into music.

Я люблю слушать музыку.

私は音楽鑑賞が好きです。

5. chi zhienyin uzheku duran wainu?
你 电影 看 喜欢 有吗

你爱看电影吗?

Do you like movies?

Ты любишь кино?

あなたは映画みるのが好きですか?

6. ana　nie dolon uzhude shi uzhene.
妈妈 一　周　　末　剧　　看

妈妈每周末都去看剧。

My mother goes to the theatre every weekend.

По выходным мама ходит на спектакли.

母は毎週末、舞台を見に行きます。

7. ada　huazhanzi huayi duran waine.
爸爸　　画　　　画　喜欢　　有

爸爸很喜欢画画。

My father is keen on painting.

Папа любит рисовать.

父は絵を描くのが大好きです。

8. ochin zhiao lishiŋ　don　deulaku duran waine.
女　　弟　流行 歌曲　　唱　　喜欢　　有

妹妹爱唱流行歌曲。

My younger sister enjoys singing pop songs.

Сестра любит поп – музыку.

妹はポップスを歌うのが好きです。

9. mini yeye nie uduni hankuna.
我的 爷爷 一 天 散步

我爷爷每天都散步。

My grandfather takes a walk every day.

Мой дедушка каждый день гуляет.

祖父は毎日散歩をします。

10. nainai giede chizhe tariku duran wo.
奶奶 在家 花 种 喜欢

奶奶喜欢在家种花。

My grandmother likes gardening.

Моя бабушка любит выращивать цветы в доме.

祖母は家でガーデニングをするのが好きです。

11. heni yiniaŋ bodan ɡiekude urima wo ne.
她的 姨妈 饭 做 兴趣 很有

她姨妈对做饭很有兴趣。

My aunt is interested in cooking.

Её тётя любит готовить.

彼女の叔母は料理作りが好きです。

12. hari, mini azhiu chirɡe kaiyini hudu duran wo.
可是，我的 舅舅 车 开 很 喜欢

可是，我舅舅特别爱开车。

But my uncle loves driving.

Но мой дядя любит водить машину.

しかし、叔父は車を運転することが大好きです。

（十）ɡurun，ɡie

婚姻、家庭

Marriage & Family

Брак и Семья

結婚、家庭

1. chi zhiehuŋ ɡiewu?
   你　结婚　做了吗

   你结婚了吗？

   Are you married?

   Ты женат?

   ご結婚されましたか？

2. bi zhiehuŋ dau ui ye.
   我　结婚　还 没有

   我还没有结婚。

   Not yet.

   Нет, я не женат.

   私はまだ結婚していません。

3. chi naizhila wo?
你 谈恋爱了吗

你谈恋爱了吗?

Are you seeing someone now?

У тебя есть девушка?

恋愛していますか?

4. bi yizhin zhanlian waine.
我 已经 女朋友 有了

我已经有女朋友了。

I'm going out with a girl.

Да, у меня есть подруга.

私にはもう彼女がいます。

5. hede kewon naizhen wainu?
她 男 朋友 有了吗

她有男朋友了吗?

Does she have a boyfriend?

У неё есть парень?

彼女には彼氏がいますか?

6. he puse naizhila wi ne.
   她 还 谈恋爱 没

她还没谈恋爱呢。

No. She isn't dating.

Нет, у неё нет.

彼女はまだ恋をしたことがありません。

7. bi shi niezhegan kun.
   我 是 独自的 人

我是独身。

I am single.

Я одинока.

私は独身です。

8. bi izhin zhiehuŋ giewo.
   我 已经 结婚 做了

我已经结婚了。

I'm married.

Я уже замужем.

私は結婚しています。

9. tande ɡie wainu?
你们 房子 有吗

你们有房子吗?

Are you a homeowner?

У вас есть квартира?

あなたたちは家を持っていますか?

10. bizhiende oruŋ ɡie u wo.
我们 自己的 房子 没有

我们没有自己的房子。

Not at the moment.

Нет, у нас нет квартиры.

我々は家を持っていません。

11. ta kalani saozhi wo?
你们 哪里 住

你们住哪里?

Where do you live?

Где вы живёте?

あなたたちはどこに住んでいますか?

12. bizhien ada ana la hantu saone.
我们 父母 一起 住

我们和父母一起住。

We live with our parents.

Мы живём вместе с родителями.

私たちは親と同居しています。

13. terala shini gie agiwo.
他们 新 房子 买了

他们买了新房子。

They just bought a new apartment.

Они купили новую квартиру.

彼らは新しい家を購入しました。

14. ta leude saozhi wo?
你们 楼 住 吗

你们是住楼房吗?

Do you live in an apartment building?

А вы живёте в многоэтажном доме?

あなたたちはアパートに住んでいますか?

15. pushi wo, bizhien pin faŋde saone.
不是，　我们　平　房　住

不是，我们住平房。

No. We live in a bungalow.

Нет, мы живём в одноэтажном доме.

いいえ、私たちは1戸建てに住んでいます。

16. tande kewos wainu?
你们　孩子　有吗

你们有孩子吗?

Do you have kids?

У вас есть дети?

あなたたちには子供がいますか?

17. bizhiende kewos u wo.
我们　孩子　没有

我们还没有孩子。

Not yet.

Нет, пока ещё нет.

私たちにはまだ子供がいません。

18. terela maɡashi hon kewos oluku ɡiezhi sumulazhi wo.
他们 明 年 孩子 生 叫做 想

他们打算明年要孩子。

We are planning to start a family next year.

У них Будет свой ребёнок в следующем году.

彼らは来年こども作るつもりです。

19. mini bieri bositu oluzhi yizhin ɡhuran sara oluwo.
我 爱人 怀 孕 已经 三 月 了

我爱人怀孕已三个月了。

My wife is three months pregnant.

Моя жена на 3 месяце беременности.

家内はすでに妊娠3か月です。

20. mini egechi nie kewoŋ oluwo.
我　姐姐　一　男孩　生了

我姐姐生了一个男孩。

My sister just had a baby boy.

Моя сестра родила мальчика.

姉のところに男の子が生まれました。

21. bizhiende gua kewos waine.
我们　两个　孩子　有

我们有两个孩子。

We have two kids.

У нас двое детей.

私たちには二人の子供がいます。

22. namade nie okin waine.
我　一　女孩　有

我有一个女孩。

I have a daughter.

У меня девочка.

私には女の子が一人います。

23. gagade nie kewos puse nie okin waine.
哥哥 一 男孩 和 一 女孩 有

哥哥有一个男孩和一个女孩。

My elder brother has a son and a daughter.

У моего брата мальчик и девочка.

兄には男の子が一人と女の子が一人います。

24. terela gua shi gua olusen shuaŋshuaŋ.
他们 两个 是 双 生 胎

他们两个是双胞胎。

They are twins.

Они близнецы.

あの二人は双子です。

25. chini bierei giede wainu?
你的 妻子 家 在 吗

你妻子在家吗?

Is your wife in?

Твоя жена дома?

奥さんは家にいますか?

26. he kewos kugole echiwo.
她 孩子 送 去了

她送孩子去了。

No. She isn't home.

Она ушла проводить ребёнка.

家内は子供を送りに行きました。

27. he kewosne haihuŋ kewas goroŋde kugowo.
她 孩子 幼 儿 园 送到了

她把孩子送到了幼儿园。

She took our kid to the kindergarten.

Она отвела ребёнка в детский сад.

彼女は子供を幼稚園まで送って行きました。

28. tani giede ochiao kun wainu?
你们 家 老 人 有吗

你们家有老人吗?

Do you live with your grandparents?

В вашей семье есть старые?

お宅にはお年寄りがいますか?

29. ɡiede yeye zhi nainai waine.
家里 爷爷 和 奶奶 有

家里还有爷爷和奶奶。

My grandparents live with us.

В нашей семье есть дедушка и бабушка.

家には祖父と祖母がいます。

30. bizhien shi nie futautu ɡie wo.
我们 是 一 幸福的 家庭

我们是一个幸福的家庭。

We are a happy family.

У нас счастливая семья.

私たちは幸せな家族です。

(十一) iyan
医 院
Hospital
Больница
病 院

1. ene zhouweide iyan wainu?
这 周围 医院 有吗

这一带有医院吗?

(Excuse me.) Are there any hospitals around here?

Есть ли здесь больница?

この近くに病院はありますか?

2. meilie he chigan leu shi iyan wo.
前面 那 白 楼 是 医院

前面那栋白楼就是医院。

The white building ahead is a hospital.

Белое здание впереди больница.

前方の白い建物が病院です。

3. iyande echikuni yaŋ ɡie yawune?
医院　去　怎么　走

到医院怎么走?

Excuse me. How can I get to the hospital?

Как добраться до больницы?

病院までどのように行けばいいですか?

4. ene fuɡie mo daɡazhu yizhi yawuwo.
这　大　道　顺着　一直　走

顺着这条大道一直走。

Walk along this street.

Прямо по этой улице.

この大通りに沿って真直ぐ行って下さい。

5. kuina ɡurada hulan noɡon deŋde ochiradase
然后，第三　红　绿　灯　遇到时

borunde yawu.
右　走

然后，遇到第三个红绿灯右拐。

Turn right at the third traffic light.

Потом сверните направо у третьего светофора.

そして、三番目の信号を右に曲がってください。

6. chingiedase, borunde yawudase kurune?
那么，　右　走　到了吗

那么，右拐就会到了吗?

Then will I am there?

Таким образом, свернув направо, я смогу дойти?

そしたら、右に曲がったら着くんですか?

7. borunde yawusen kuina , puse sibai mi yawune.
右 走 后 还 四百 米 走

右拐后，还要往里走四百米。

No. You will have to walk another 400 meters.

Направо и дальше прямо пройти четыреста метров.

右に曲がってから、さらに400メートル進んで下さい。

8. ende shi iyan wo?
这里 是 医院 吗

这里是医院吗?

Excuse me. This is hospital, isn't it?

Это больница?

ここは病院ですか?

9. oluzhi wo, ende shi iyan wo.
是的，　　这里 是　医院

是的，这里是医院。

Yes, it is.

Да, это больница.

はい、ここは病院です。

10. ɡien uzheku ɡazha kala wo?
病　　看　　处　哪里 在

门诊部在哪里?

Where is the outpatient department?

Где амбулатория?

外来はどこですか?

11. ɡien uzheku ɡazha iyanni fuɡie taŋni dunde waine.
病　　看　　处　医院　大　堂　左侧　在

门诊部在医院大堂左侧。

To the left of the lobby.

Амбулатория с левого торца здания.

外来は病院のフロントの左側です。

12. bi hao guayi giezhi sumulazhiwo.
我 号 挂 叫做 想

我想挂个号。

Hello. I'd like to register.

Я хотел бы записаться к врачу.

わたしは診察券をもらいたいです。

13. chi yan hao guayine?
你 什么 号 挂

你挂什么号?

Hello. Which department?

К какому врачу?

あなたは、なに科にかかりたいのですか?

14. bi tudoro gien uzheku hao guayi giezhi
我 内 病 看 号 挂 叫做

sumulazhiwo.
想

我想挂内科号。

I'd like to register for internal medicine.

К терапевту.

私は内科にかかりたい。

15. bi zhuanzhiahao guayini giezhi sumulazhiwo.
我 专家号 挂 叫做 想

我想挂专家号。

I'd like to see a specialist.

К специалисту.

私は専門医師の診察を受けたいです。

16. chi ɡuayisen haoyi ende tai.
你 挂的 号 这里 放

请你把挂的号放在这里。

Please put your registration card here and wait for your turn.

Оставьте ваш талон здесь.

診察券をここに置いてください。

17. ɡien kun maŋ haoni daɡazhi paiduiɡiezhu ɡien
病 人 都 号 随着 排队 病
uzhene.
看

患者都按号排队看病。

Look, everyone is waiting in line for their turn.

Пациенты должны обращаться к врачу по очереди.

患者さんは診察番号の順番で医者に診てもらいます。

18. chi kalani ɡao ui wo?
你 哪 舒服 不

你怎么不舒服?

Why are you here today?

На что вы жалуетесь?

どこが悪いですか?

19. bi idauzi kuruzhu chiaorun otune.
我 感 冒 头 痛

我感冒头痛。

I've got a headache. I think I'm coming down with a cold.

У меня болит голова от простуды.

私は風邪をひいて、頭が痛いです。

20. chi tiewenbiaoni suge doura tai.
你　体温表　腋　下　放

请你把体温表放在腋下。

Please put this thermometer under your armpit.

Возьмите термометр под мышку.

体温計を脇の下に挟んでください。

21. chi chieshi nie tuliene.
你　确实　一　发烧

你确实有点发烧。

You've got a temperature.

У тебя действительно температура.

あなたは確かに熱があります。

22. chi idauzi kuruzhu giedugan udu oluwo?
你　感　冒　几　天　成了

你感冒几天了？

How long have you had it?

Когда ты простудился?

風邪をひいてから何日経っていますか？

23. gua udu oluwo.
两　天　成了

有两天了。

Two days.

Уже два дня.

二日経っています。

24. yan　ye izhiesen wo?
什么 药　吃过　吗

吃过什么药吗?

Are you taking anything for it?

Какие лекарства ты принимал?

何か薬を飲みましたか?

25. bi　yan　ye izhiesen　wi.
我 什么 药　吃过　没有

我没吃任何药。

I haven't taken any medication for it.

Никаких.

私は何の薬も飲んでいません。

26. chingiedase, chimade nie ganmao ye ogiye.
那么,　　　给你　一　感冒　药　给

那么，给你开点退烧药吧。

So I'm going to give you a prescription for your fever.

Тогда, я пропишу лекарства от простуды.

では、風邪薬を処方します。

27. pusezi, karizhu puzhalusen usu ulan ochizhu,
另外,　回去　　开　　水　多　　喝
gao　hamura.
好好　休息

另外，回去多喝些白开水，好好休息。

You should drink plenty of water and take good rest.

Кроме того, пейте побольше воды и хорошо отдыхайте.

また、お湯をたくさん飲んで、よく休んでください。

28. ende shi ye uɡuku ɡazha wo.
这里 是 药 取 地方

这里是取药口。

You can get your medicine at this window.

Это окно для выдачи лекарств.

ここは薬を受け取る窓口です。

29. ene shi kalun daruku ye wo.
这 是 热 压 药

这是退烧药。

Here is your antipyretic.

Это жаропонижающее средство.

これは熱を下げる薬です。

30. ye nie udu guran fa izhiezhu, fani gua
药 一 天 三 次 吃， 一次 两
izhiene.
吃

退烧药一天吃三次，每次吃两片。

Take two tablets at a time, three times a day.

Принимайте лекарство от простуды три раза в день, каждый раз по две таблетки.

風邪薬は一日三回、毎回二錠を飲んでください。

31. ye gao bari, saigala.
药 好好 拿， 再见

请你把药拿好，再见！

Take care and goodbye!

Возьмите лекарства. До свидания!

薬をお忘れないように。お大事に。

（十二） ozhien agi

购 物

Shopping

Покупка

買い物

1. bi nie fa gadane echine.
   我 一 次 外面 去

   我要出去一趟。

   I have to go out for something.

   Мне нужно выйти.

   私は出かけてきます。

2. kala echine?
   哪里 去

   要去哪里？

   Where are you going?

   Куда ты идёшь?

   どこに行きますか？

3. shanzhiande echine.
   商场　　　去

   去商场。

   To the store.

   В универмаг.

   デパートに行きます。

4. chi　ali　shanzhiande echine?
   你　哪个　　商场　　　去

   你去哪个商场?

   Which one?

   В какой универмаг?

   あなたはどのデパートに行きますか?

5. baihuo shanzhiande echine.
   百货　　　商场　　　去

   去百货商场。

   The department store.

   В ГУМ.

   百貨店に行きます。

6. chi yaŋ agine?
你 什么 买

你要买什么?

What are you going to buy?

Что вы хотите купить?

あなたは何を買いますか?

7. bi izhieku ozhian agine.
我 吃的 东西 买

我要买吃的东西。

Some food.

Мне нужно купить продукты.

私は食品売り場へ行きたい。

8. tere puse izhieku ozhian agi wo?
她 也 吃的 东西 买 吗

她也要买吃的东西吗?

Does she also want to buy some food?

Ей тоже нужны продукты?

彼女も食品売り場へ行きますか?

9. pushi wo. mini ochin zhiao kalun chade musiku
不是，　我的　女　弟　夏　天　穿
zhien agine.
衣服　买

不是，我妹妹要买夏天穿的衣服。

No, my younger sister only wants to buy some summer clothes.

Нет, моя сестра хочет купить летнюю одежду.

いいえ、妹は夏の洋服を買うつもりです。

10. baihuo shanzhiande yaŋni waine.
百货　商场　什么都　有

百货商场里什么都有。

You can find anything in the department store.

Чего только нет в универмаге.

百貨店には何でもあります。

11. hoyicheŋ chi ɡao !
售货员　你　好

售货员你好!

Hello.

Здравствуйте!

こんにちは。

12. chi yaŋ aɡine?
你 什么　买

你要买什么吗?

Can I help you?

Что вы ищете?

何をお探しですか?

13. chi nadade he nie zhien oɡi.
你　我　那 一 衣服　给

请你给我拿那件衣服。

Can I see that dress?

Покажите мне эту одежду.

あの洋服を見せてください。

14. ene nie zhien giedugan bar wo?
这　一　衣服　多少　　钱

这件上衣多少钱?

How much is this top?

Сколько стоит эта одежда?

このシャツはいくらですか?

15. ene zhien zhiaqian oluwe.
这　衣服　价格　　可以

这件衣服的价格还算合理。

The price is reasonable.

Это приемлемая цена.

この洋服の値段は普通です。

16. ene tudoro musiku zhian saiganwo?
这　　内　　　穿　　　衣　　美丽 吗

这套内衣好看吗?

This undergarment looks good, doesn't it?

Красиво ли это бельё?

この下着のセットはきれいですか?

17. bi hudu saigan giezhi sanana.
我 很 好看 叫做 觉得

我觉得很好看。

Well, I think it does.

Мне кажется, что красиво.

私はきれいだと思います。

18. bi ene zhianni musise neirazhi wo?
我 这 衣服 穿 合身 吗

我穿这衣服合身吗?

Dose it fit me?

Идет ли мне эта одежда?

私にはこの服が合っていますか?

19. chi musise neirazhi wi.
你 穿 合身 不太

你穿不太合身。

I'm afraid it doesn't fit you.

Не очень.

あなたにはちょっと合わないです。

20. ene medun pusezila ungie wainu?
这　裤子　其他　颜色　有吗

这条裤子还有其他颜色的吗?

Do you have these trousers in other colors?

Есть ли такие брюки другого цвета?

このズボンには別の色がありますか?

21. u wo, niezhen kara ungie waine.
没有,　只　黑　色　有

没有,只有黑颜色。

Sorry, we only have black ones for this style.

Нет, только тёмного цвета.

いいえ、黒しかないです。

22. bi nie arasun hai agiye giezhi sumulazhiwo.
我　一　皮　鞋　买　叫做　想

我想买一双皮鞋。

I'm looking for a pair of leather shoes.

Я хотел бы купить пару ботинок.

私は皮靴を一足買いたいです。

23. kalani ozhian agikude zharuku ga tungu chirge waine?
哪里 物 买 用的 小 推 车 有

哪里有购物用的小推车?

Where can I find a shopping cart?

Где можно взять тележку?

買い物カートはどこですか?

24. shanzhianni oroku gazhade waine.
商场的 入 地方 有

就在商场的入口处。

You can get one at the entrance.

У входа в универмаг.

デパートの入り口のところにあります。

25. ana fugie naizi mu endegei agiwo
妈妈 牛 奶 和 鸡蛋 买了

妈妈买了牛奶和鸡蛋。

My mother bought some milk and eggs.

Мама купила молоко и яйца.

母は牛乳と卵を買いました。

26. ada yaŋ agizhi wi.
爸爸 什么都 买 没

爸爸什么都没买。

My father did not buy anything.

Папа ничего не купил.

父は何も買いませんでした。

27. hoyicheŋ bar ogiku gazha kala wainu?
售货员，钱 给 地方 哪里 在

售货员，付款台在哪里？

Excuse me. Where is the cashier?

Подскажите, где касса?

お会計はどこですか？

28. enezegen ozhian giedugan bar?
这 些 东西 多少 钱

这些货物多少钱？

How much are these?

Сколько всего за эти товары?

これ、全部でおいくらですか？

29. quabu shi × × kuai.
全部 是 ×× 元

全部是××元。

They are... yuan all together.

Всего × × юаней.

合計××円です。

30. chi namade nie baozhi ogi.
你 给我 一 包装 给

请你给我打包这些货物。

Please wrap them up for me.

Заверните, пожалуйста, эти покупки.

包装をしてください。

31. ta puse ire.
您 再 来

欢迎您再来。

Come back and see us again.

Добро пожаловать еще раз.

また、いらしてください。

（十三） zhichaŋ
机 场
At the Airport
Аэропорт
空　港

1. ende shi beizhiŋ zhichaŋ.
   这里 是 北京 机场

   这里是北京首都国际机场。

   Here is the Beijing International Airport.

   Это аэропорт Пекина.

   ここは北京空港です。

2. zhichaŋ tudoro kun hudu olon.
   机场 里 人 很 多

   机场里人很多。

   Oh, it's packed here.

   В аэропорту много людей.

   空港は人でいっぱいです。

3. zhichaŋni yawudan asaku ɡazha kala wainu?
机场 事 问询 地方 哪里 在

机场问询处在哪里?

Excuse me. Where is the information desk?

Где в аэропорту справочное бюро?

空港のインフォメーションはどこですか?

4. zhichaŋni fuɡie taŋ oroku ɡazhani waine.
机场的 大 堂 入 地方 在

在机场大堂入口处。

At the entrance to the main lobby.

У входа в аэропорт.

空港の入り口のところにあります。

5. ende shi yawudan asaku ɡazha wo?
这里 是 事 问讯 地方 吗

这里是问询处吧?

So this is the information desk, isn't it?

Это справочное бюро?

ここはインフォメーションですか?

6. oluzhi wo, ende shi yawudan asaku ɡazha wo.
是的，　　这里 是　　事　　问询　　地方

是的，这里就是问询处。

Yes, it is.

Да, здесь справочное бюро.

はい、ここはインフォーメーションです。

7. chi　yaŋ　yawudan wainu?
你 什么　　事　　　有

你有什么事吗?

Can I help you, Sir (Madam or Miss)?

Что вы хотите?

なにか御用ですか?

8. bi　zhi piau aɡine ɡiezhi sumulazhiwo.
我 机　票　　买　　叫做　　　想

我想买机票。

I'd like a ticket.

Я хочу купить авиабилет.

航空券を買いたいのですが。

9. chi kala echino?
你 哪里 去

你要去哪里?

Where to?

Куда Вы летите?

どちらに行きますか?

10. bi shaŋhaidu echine.
我 上海 去

我去上海。

To Shanghai.

В Шанхай.

私は上海に行きます。

11. shaŋhaidu echiku zhi piau C kouni echizhu agine.
上海 去的 机票 C 口 去 买

去上海的机票要到 C 口去买。

Please move to window C for tickets to Shanghai.

Купите билет в Шанхай в кассе С.

上海行きの航空券はCカウンターで買えます。

12. C kou kala waine?
C 口 哪里 在

C 口在哪里?

Where is it?

Где касса C?

Cカウンターはどこですか?

13. D kouni borunde waine.
D 口的 右侧 在

在 D 口右侧。

To the right of window D.

Направо от кассы D.

Dカウンターの右側です。

14. chi zhi piau aginu?
你 机 票 买吗

你要买机票吗?

Can I help you, Sir (Madam or Miss)?

Вам нужен авиабилет?

あなたは航空券を買いますか?

15. oluzhi wo, bi nie shaŋhaidu echiku zhi piao
是的，　我 一　上海　去的 机 票

agine giezhi snmulazhiwo.
买　叫做　想

是的，我要想买一张去上海的机票。

Yes. I need a ticket to Shanghai.

Да, мне нужен билет в Шанхай.

はい、私は上海行きの航空券を一枚買いたいです。

16. chingiedase, chi ende paidui gie.
那么，　你 这里 排队 做吧

那么，你就在这里排队吧。

Please line up here.

Пожалуйста, встаньте в очередь.

では、ここに並んでください。

17. chini shenfenzheŋ ani.

你的　　身份证　　给我

请你将身份证给我。

ID card, please.

Паспорт, пожалуйста!

身分証明書を見せてください。

18. ene shi chini zhi piau wo.

这　是　你的　机　票

这是你的机票。

Here is your ticket.

Это ваш билет.

これがあなたの航空券です。

19. anzhienkou kala waine?

安检口　　哪里　　在

安检口在哪里?

Excuse me. Where is the security check?

Где контроль безопасности?

安全検査はどこですか?

20. anzhienkou sudoshi gua bai mi yawuzhu, kuina
安检口 往里 二 百 米 走， 然后
dun ochiradase kurune.
左 转 到

去安检口要往里走两百米，然后左拐就到了。

Walk 200 meters then turn left. You can't miss it.

Двести метров прямо и потом налево.

安全検査の場所は、この奥へ200メートル進み、左に曲がったらすぐです。

21. chi boufu gao biri.
你 行李 好 拿

请你把行李拿好。

Please hold on to your luggage.

Возьмите багаж.

手荷物を忘れないように。

22. shaŋhaidu echiku feizhide oroku uizhian kala
上海 去的 飞机 进 门 哪里

wainu?
在

去上海的登机口在哪里?

Where is the boarding gate for the flight to Shanghai?

Где регистрация на рейс в Шанхай?

上海行きの搭乗口はどこですか?

23. A uizhianse feizhide orona.
A 口 飞机 进

请从 A 口登机。

Please proceed to Gate A.

У стойки A.

搭乗口 Aです。

24. yaŋ cha feizhide orone?
什么 时间 飞机 进

什么时候登机?

What time does boarding start?

Когда начнётся посадка?

何時に搭乗できますか?

25. ban cha kuina feizhide orona.
半个 小时 后 飞机 进

半个小时以后登机。

In 30 minutes.

Через полчаса.

三十分後に搭乗します。

26. feizhide orokude nie ɡa chibau uɡuzhi olune.
飞机 进时 一 小 提包 带 可以

登机时只能带一件小提包。

You are allowed only a small piece of carry – on luggage.

При посадке у каждого пассажира может быть только одно багажное место.

機内に手荷物は一つしか持ち込めません。

27. banyiku boufu ɡundu korun ɡoŋzhinse olodo
托运 行李 重量 二十 公斤 超过
olu wi.
能 不

托运行李重量不能超过二十公斤。

Airline policy only allows checked luggage weighing less than twenty kilograms.

Вес багажа не должен превышать двадцать килограммов.

預けらる荷物の重量は二十キロまでです。

28. chini saoku oron shi 18 pai A oron wo.
你的 座 位 是 18 排 A 座

你的座位是 18 排 A 座。

Your seat is Row 18 Seat A.

Ваше место 18 ряд A.

あなたの席は18 列のA 席です。

29. chi oruŋ saoku oronde ɡao sao.
你 自己的 座 位 好 坐

请你在自己的座位上坐好。

Please take your seat!

Займите своё место.

自分の席に座ってください。

30. chi anchiendai ɡao huiya.
你 安全带 好 系

请你系好安全带。

Please fasten your safety belt.

Пожалуйста, пристегните ремень безопасности.

シートベルトをしっかり締めてください。

31. feizhi musiwo beizhiŋ saiɡala!
飞机 起飞了，北京， 再见

飞机起飞了，北京，再见！

The plane is taking off. Goodbye, Beijing.

Самолёт взлетает. До свидания, Пекин!

飛行機が離陸しました。さようなら、北京！

（十四） zhian （lishe）

宾　馆

Hotel

Гостиница

ホテル

1. ende shi zhian wo?
   这里 是 宾馆 吗

   这是宾馆吗？

   This is a hotel, isn't it?

   Это гостиница?

   ここはホテルですか？

2. zho, chi zhiande sao wo?
   对， 你 宾馆 住 吗

   对，你要住宾馆吗？

   Yes, it is. Do you need a room?

   Да, Вам нужно снять номер?

   はい。お泊りですか？

3. oluzhi wo, bi nie nie kunni gie kereglene.
是的，　　我 一 单 人的 房间　需要

是的，我要一个单人间。

Yes. I'd like a single room.

Да, мне нужен одноместный номер.

はい、シングルルームお願いします。

4. bi beye uagaku gietu zhochenni gie kereglene.
我 身子 洗澡 间的 客人的 房　需要

我要带洗澡间的客房。

I want one with a bathroom.

Мне нужен номер с ванной.

シャワー付きの部屋をお願いします。

5. nie udu gonodase giedugan bar?
一 天　住宿　多少　钱

住宿一天多少钱？

How much is it per night?

Сколько за сутки?

一泊いくらですか？

6. chi giedugan udu saokuwo?
你 几 天 住

你要住几天?

How long will you be staying?

На сколько дней вы остановитесь?

何泊泊まりますか?

7. nie dolon niudu saone.
一 星期 一昼夜 住

住一个星期。

For a week.

На неделю.

一週間泊まります。

8. chi haran seŋde saose oluwo?
你 十 层 住 可以吗

你住十层可以吗?

How about a room on 10th floor?

На десятом этаже вас устроит?

十階の部屋でよろしいですか?

9. bi tawun seŋse deuratu zhochenni ɡiede saoye
我 五 层 以下的 客人的 房 住

ɡiezhi snmulazhiwo.
叫做 想

我想住五层以下的客房。

Sorry, but I'd like a room on a floor below the 5th.

Мне бы хотелось номер не выше пятого этажа.

五階以下の部屋に泊まりたいです。

10. deŋzhikani qanzhi pizhi.
登记卡 填 写

请填写登记卡。

Please fill in this registration form.

Заполните анкету.

宿泊カードに記入してください。

11. ene shi chini uizhianni ka wo.
　这　是 你的　　门　　　卡

这是你的房卡。

Here is your room key.

Вот ваша карточка.

これがお部屋のカードキーです。

12. zhianni bodan izhieku ɡazha ali seŋde waine?
　旅馆　　饭　　　吃　　地方 几　层　　在

旅馆用餐处在几层?

Does the hotel have a restaurant?

На каком этаже ресторан?

ホテルの食堂は何階にありますか?

13. nie seŋ puse ɡua seŋde ashiɡan bodan izhieku
一 层 和 二 层 都 饭 吃
ɡazha waine.
地方 有

一层和二层都有餐厅。

Yes. You can find restaurants on the first and second floors.

На первом и втором этаже.

一階と二階、両方に食堂があります。

14. boufu banzhi bariku kun waine wo?
行李 帮助 拿 人 有 吗

有人帮助拿行李吗?

Can someone help me with my luggage?

Кто - нибудь поможет мне отнести вещи?

荷物運びを手伝ってくれる人はいますか?

15. fuwuyan chimade boufu barizhi ogine.
服务员 给你 行李 拿 给

服务员帮你拿行李。

Don't worry. A porter will take your luggage to your room.

Портье поможет отнести вещи.

スタッフが手伝います。

16. chi mini boufuyi saoku giede kugo.
你 我的 行李 住的 房间 送到

请你把我的行李拿到房间。

Please take the luggage up to my room.

Пожалуйста, поднимите мой багаж в номер.

私の荷物を部屋に運んでください。

17. saoku ɡiede kalun usu wainu?
住　房间　热　水　有吗

房间里有热水吗?

Is hot water available in my room?

В номере есть горячая вода?

部屋にお湯はありますか?

18. saoku ɡiede korun zhieron cha kalun usu
住的　房间　二十　四　小时　热　水
ɡunzhiwo.
供应

房间里 24 小时供应热水。

Yes, Sir (Madam or Miss). Hot water is available in all rooms 24 hours a day.

В номере круглосуточно есть горячая вода.

部屋には24 時間お湯があります。

19. pusezi, puse dienshizhi、dienbiŋshaŋ waine.
另外，　还　电视机、　电冰箱　有

另外，还有电视机、电冰箱。

Plus, you can find a TV and fridge in your room.

Кроме того, ещё телевизор и холодильник.

このほか、テレビ、冷蔵庫もあります。

20. zhienne uagazhi oginu?
衣服　洗　给吗

有洗衣服务吗？

Do you have laundry service?

Есть ли прачечная?

クリーニングサービスはありますか？

21. waine, bizhienni ende zhienne uagaku zhiachian
有，　　我们　这里　衣服　　洗　　价格
hudu talane.
很　　合适

有，我们这里洗衣价格很合理。

Yes, we offer a reasonably priced laundry service.

Да, есть и цена приемлемая.

あります。クリーニング代は高くありません。

22. ene shi giedugan hoduntu zhian wo?
这　是　　几　　星级的　　宾馆

这是几星级宾馆?

What is the star rating for this hotel?

Какого уровня это гостиница?

ことらのホテルは星幾つですか?

23. tawun hoduntu zhian wo.
五　　星级的　　宾馆

是五星级宾馆。

This is a five star hotel.

Это пятизвёздная гостиница.

五つ星ホテルです。

24. chaŋtuzhienhua egezhi oluwo?
长途电话　　　　打　　能吗

可以打长途电话吗?

Can I make long - distance calls from my room?

Можно ли делать междугородние звонки?

長距離電話をかけられますか?

25. nie seŋni ochiraku ɡazha yazhin zhiaozhisen kuina
一 层 接待 地方 押金 交 后

sai chaŋtuzhienhua eɡezhi olune.
才 长途电话 打 可以

到一楼接待处交完押金才可以打长途。

Yes, Sir. But a deposit is required you can pay it at the reception.

Оставьте деньги на первом этаже у стойки администратора и можете звонить.

一階の応接カウンターから、代金前払いで長距離電話が掛けられます。

26. chi maɡashi echiemaɡa liuzhiende namini uruzhi
你 明天 早晨 六点 我 叫

shieriɡa.
醒

请你明早六点叫醒我。

Please wake me up at 6:00 tomorrow morning.

Разбудите меня в шесть часов утра.

明日朝六時に起こしてください。

27. chuzn bosi arunzhi ogi.
　床　　单　　换　　给

请换床单。

Please change the sheets.

Замените, пожалуйста, простыню.

シーツを変えてください。

28. gie　nie arun giezhi ogi.
　房间 一 干净　做　给

请打扫一下房间。

Please clean my room.

Уберите, пожалуйста, номер.

部屋を掃除してください。

29. giedun chase melie tuifaŋ giezhi olune.
　几　　点　以前 退房　做　可以

最晚几点退房?

What's the latest I can check out?

Когда нужно освободить номер?

一番遅くて、何時にチェックアウトできますか?

30. bi gieni tuine, giedugan bar wo?
我 房 退， 多少 钱 里

我要退房，多少钱？

I'd like to check out.

Я сдаю номер, сколько с меня?

チェックアウトしたいです、いくらですか？

31. chi nie sheuzhi pizhizhi ogi.
你 一 收据 写 给

请你给开个收据。

I need a receipt.

Чек, пожалуйста.

領収書をください。

32. ene zhianni fuwu zhoni gao.
这 宾馆的 服务 真 好

这宾馆的服务真好。

This hotel has very good service.

В этой гостинице хорошее обслуживание.

このホテルのサービスは結構いいです。

(十五) lishin
旅游
Travel
Туризм
旅　行

1. chi lishinde doran wo?
   你　旅游　喜欢　吗

   你喜欢旅游吗?

   Do you like travelling?

   Ты любишь путешествовать?

   あなたは旅行が好きですか?

2. bi lishinde hudu doranwo.
   我　旅游　很　喜欢

   我很喜欢旅游。

   Yes, indeed.

   Да, люблю.

   私は旅行が大好きです。

3. bizhieni gieni kun ashigan lishinde doran wo.
我们　家里　人　都　旅游　喜欢

我们家里人都喜欢旅游。

My family likes travelling.

Вся моя семья любит путешествовать.

私の家族はみんな旅行が好きです。

4. bi meilase ada anala hantu lishinne.
我　从小　母　父　一起　旅游

我从小就和父母一起旅游。

I travelled a lot with my parents when I was a kid.

Я с детства путешествовал с родителями.

私は小さい時からよく両親と一緒に旅行をしました。

5. bizhien olon neretu ɡazha uzhesen.
我们 很多 有名的 地方 看过

我们去看过很多名胜古迹。

We have been to many great sites.

Мы видели много достопримечательностей.

私たちは多くの名所を見たことがあります。

6. kunla lishinse olon zhishi suruna.
人们 旅游 很多 知识 学到

人们通过旅游学到很多知识。

Travelling teaches you a lot.

Путешествия дают человеку много знаний.

人々は旅行を通じて多くの知識を学びます。

7. chi fudu chenchiande echisen wo?
你 长 城 去过 吗

你去过长城吗?

Have you been to the Great Wall?

Ты был на Великой стене?

あなたは万里の長城に行ったことがありますか?

8. gua fa echisen.
两 次 去过

去过两次。

Yes. I've been there twice.

Я был там два раза.

二回行ったことがあります。

9. tan pusezi puse kala echisenwo?
你们 别 还 哪里 去过

你们还去过哪里?

Any other great places?

Куда еще вы ездили?

あなたたちは、ほかにどこへ行ったことがありますか?

10. puse hainande echisen.
还 海南 去过

还去过海南。

I've been to Hainan Island.

Мы ещё были на острове Хайнань

海南島にも行ったことがあります。

11. terela kuinani caoyende echisen.
他们 北方的 草原 去过

他们去过北方的草原。

They've been to the prairie in the North.

Они ездили на север в степь.

彼らは北方の草原に行ったことがあります。

12. zhoŋɡuode lishinni ɡazha olon waine.
中 国 旅游 地方 很多 有

在中国旅游的地方有很多。

There are lots of great tourism sites in China.

В Китае много мест, которые стоит посетить.

中国には、観光地がとても多いです。

13. chi shi lishinnini iresen nu?
你 是 旅游 来 吗

你是来旅游的吗?

You are a tourist, are you?

Вы турист?

旅行でこちらへみえたのですか?

14. oluzhi wo, bi shi nie lishinde durantu kun wo.
是的，　　我 是 一 旅游　爱好　者

是的，我是一名旅游爱好者。

Yes, I am.

Да, я любитель туризма.

はい、私は旅行好きです。

15. lishinni uizhianpiao agikude giedugan bar?
旅游　　门　票　　买　　多少　　钱

旅游门票多少钱?

How much is admission to the park?

Сколько стоит входной билет?

入場券はいくらですか?

16. nie kun haran naiman kuai.
每　人　十　　八　　元

每人十八元钱。

18 yuan per person.

Восемнадцать юаней.

一人十八元です。

22. tereni yiŋyu ɡao waine.
她的 英语 好 有

她的英语很好。

Yes, she speaks English very well.

Она хорошо говорит по – английски.

彼女の英語は大変上手です。

23. chi dawa ende iresen wo?
你 过去 这里 来过 吗

你过去来过这里吗?

Have you been here before?

Раньше Вы были здесь?

あなたは以前、ここに来たことがありますか?

24. u wi. nie fu iresen wi.
没有, 一 次 没有 来过

没有, 一次都没有来过。

No, I haven't.

Нет, ни разу.

いいえ、一度もありません。

25. bi nieda ende irene.
我 第一次 这里 来

我第一次来这里。

This is my first visit.

Я здесь первый раз.

私は初めてここに来ています。

26. endeni ula usu hudu saigan.
这里的 山 水 很 美

这里的山水真美。

It's a fantastic place.

Здесь очень красиво.

ここの風景は本当に美しいですね。

27. zhiao ende ezegan fenzhin shiaŋpian zhauyiwo.
弟弟 这里 许多 风景 照片 拍了

弟弟在这里拍了许多风景照。

My elder brother has taken lots of photos.

Брат сделал здесь много фотографий.

弟はここで、写真をたくさん撮りました。

28. bi zhoni imutu saiganni ula usu uzhesen wi.
我 真的 这么 美丽的 山 水 见过 没有

我真没有见过如此美丽的山水。

I have never seen anything more beautiful.

Я никогда не видел такой красоты.

私はこんな美しい景色を見たことがないです。

29. bi hai gizhade echiku duran wo, puse caoyen
我 海 边 去 喜欢 有，也 草原
uzheku duran wo.
看 喜欢 有

我喜欢海边，也喜欢草原。

I love the beach and also the grasslands.

Я люблю море и степь тоже.

私は海が好き、草原も好きです。

东乡语基础词汇300例

序号	汉语	东乡语	英语	俄语	日语
1	天	asiman	sky	небо	天
2	地	zemin	land	земля	大地
3	云	wolien	cloud	облоко	雲
4	风	kei	wind	ветер	風
5	雨	ɡura	rain	дождь	雨
6	雪	chasun	snow	снег	雪
7	雷	olien	thunder	гром	雷
8	彩虹	lunsula/ɡan	rainbow	радуга	虹
9	太阳	naran	sun	солнце	太陽
10	月亮	sara	moon	луна	月
11	星星	hodun	star	звезда	星

续表

序号	汉语	东乡语	英语	俄语	日语
12	山	wula	mountain	гора	山
13	岩石	ula gada tashi ula	rock	пород	岩石
14	石头	tashi	stone	камень	石
15	土	tura/sheura	earth	почва	土
16	沙子	shazi/ shamue	sand	песок	砂
17	水	usu	water	вода	水
18	江	moron	long river	река	川
19	河	moron	river	река	河
20	湖	no	lake	озеро	湖
21	海	hai/fugie hu fugie no	sea	море	海
22	泉	bula	spring	источник	泉
23	火	kan	fire	огонь	火
24	树、木	mutun	tree/wood	дерево	木
25	树枝	mutun sala	branch	ветка	枝
26	树叶	lachin	leaf	лист	葉

续表

序号	汉语	东乡语	英语	俄语	日语
27	树根	mutun bogo	root	корень дерева	根
28	花	chizhe	flower	цветы	花
29	草	osun	grass	трава	草
30	年	hon	year	год	年
31	今年	nie hon	this year	этот год	今年
32	明年	magashi hon/gonian	next year	следуюший год	来年
33	去年	udani hon	last year	прошлый год	去年
34	春	chunchian	spring	весна	春
35	夏	kalun cha	summer	лето	夏
36	秋	chiuchan	autumn	осень	秋
37	冬	un cha	winter	зима	冬
38	月份	sara	month	месяц	月
39	星期、周	shinqi/dolon	week	неделя	曜日
40	日、天	udu	day	день	日
41	今天	enedu/niudu	today	сегодня	今日

续表

序号	汉语	东乡语	英语	俄语	日语
42	明天	magashi	tomorrow	завтра	明日
43	昨天	fuzhugudu	yesterday	вчера	昨日
44	早晨	maga echiemaga	morning	утро	朝
45	晚上	uzhieshi	evening	вечер	晚
46	动物	asun	animal	животный	動物
47	虎	basi	tiger	тигр	虎
48	狮子	shizi	lion	лев	ライオン
49	熊	hashin	bear	медведь	熊
50	狼	zhizangei	wolf	волк	おおがみ
51	狐狸	funiege	fox	лисица	狐
52	鹿	lugo	deer	олень	鹿
53	大象	shian	elephant	слон	象
54	野猪	kigei	wild boar	кабан	イノシシ
55	猴子	houzi/ biecheŋ	monkey	обезьяна	サル
56	兔子	taolei	rabbit	заяц	兎
57	老鼠	sizhagan	mouse	мышь	鼠

续表

序号	汉语	东乡语	英语	俄语	日语
58	蛇	mogei	snake	змей	蛇
59	龙	lun	dragon	дрокон	竜
60	鸟	bunzhu	bird	птица	鳥
61	燕子	shashayeu	swallow	ласточка	燕
62	大雁	gagir	wild goose	дикий гусь	ヒシグイ
63	喜鹊	sazhigei	magpie	сорока	カササギ
64	乌鸦	laowa	crow	ворона	鴉
65	老鹰	yaozi/gengei	eagle	коршун	トビ
66	天鹅	chiannue	swan	лебедь	白鳥
67	布谷鸟	gugu	cuckoo	кукушка	カッコウ
68	啄木鸟	domochi	woodpecker	дятел	キツツキ
69	鱼	zhagasun	fish	рыба	魚
70	乌龟	waŋba	turtle	черепаха	亀
71	青蛙	baga	frog	лягушка	蛙
72	虾	shia	shrimp	рак	海老
73	虫子	gugi	insect	насекомые	虫

续表

序号	汉语	东乡语	英语	俄语	日语
74	蜜蜂	banbun	bee	пчёлы	ミツバチ
75	蝴蝶	hebegei	butterfly	бабочка	蝶々
76	蜻蜓	bacha	dragonfly	стрекоза	とんぼ
77	苍蝇	shunbun	fly	муха	蠅
78	蚊子	wunzi	mosquito	комар	蚊
79	蜘蛛	zhuzhu	spider	паук	蜘蛛
80	蚂蚱	machazi	locust	саранча	イナゴ
81	蚂蚁	paipudeu bibiz	ant	муравей	蟻
82	蟑螂	zhaŋlaŋ	cockroach	таракан	ナンキンムシ
83	蚯蚓	suguŋcha	earthworm	дождевой червь	蚯蚓
84	牛	fugie	cow/ox	бык	牛
85	马	morei	horse	лошадь	馬
86	羊	goni	sheep/goat	баран	羊
87	驴	enzhege	donkey	осел	ロバ
88	骆驼	loto	camel	верблюд	駱駝

续表

序号	汉语	东乡语	英语	俄语	日语
89	猪	kigei	pig	свинья	豚
90	鸡	tiga	chicken	кульца	鶏
91	鸭子	yazi	duck	утка	鴨
92	鸽子	gogochin	pigeon	голубь	ハト
93	猫	maor	cat	кошка	猫
94	狗	nogei	dog	сопака	犬
95	毛	nogosun	fur	меха	毛
96	翅膀	siban	wing	крылья	翼
97	皮子	arasun	skin/ leather	кожа	皮
98	尾巴	shian	tail	хвост	尻尾
99	角	ewe/gocha	horn	рог	角
100	骨头	yasun	bone	кость	骨
101	人	kun	person	человек	人
102	身体	beye	body	тело	身体
103	头	chiaorun	head	голова	頭
104	头发	wusun	hair	волосы	髪の毛

续表

序号	汉语	东乡语	英语	俄语	日语
105	额头	manlei	forehead	лоб	おでこ
106	脸	ungie nu/angie	face	лицо	顔
107	眉毛	mimao	brow	бровь	眉毛
108	眼睛	nudun	eye	глаз	目
109	鼻子	kawa	nose	нос	鼻
110	嘴	aman	mouth	рот	口
111	牙	shidun	tooth	зубы	歯
112	耳朵	chigin	ear	ухо	耳
113	脖子	gizhigei	neck	шея	首
114	肩膀	daleu	shoulder	плечо	肩
115	腰	nurun	waist	талия	腰
116	手	ka	hand	рука	手
117	指头	gurun	finger	палец	指
118	肚子	kizhesun	stomach	живот	お腹
119	脚	kon	foot	ноги	足
120	心脏	ushigei	heart	сердце	心臓

续表

序号	汉语	东乡语	英语	俄语	日语
121	肝脏	ganzi/shizo	liver	печение	肝臓
122	肾脏	boro	kidney	почка	腎臓
123	肺	pafei	lung	легкое	肺
124	胆	shiensun	gall	жёлчь	胆
125	肠	kieli	intestines	кишка	腸
126	胃	huadu	stomach	желудок	胃
127	血	chusun	blood	кровь	血
128	肉	miga	flesh	мясо	肉
129	汗	koliesun	sweat	пот	汗
130	泪	nunbusun	tear	слёзы	涙
131	爷爷	yeye	grandpa	дедушка	お爺さん
132	奶奶	neinei	grandma	бабушка	お婆さん
133	爸爸	ada	father	папа	お父さん
134	妈妈	ana	mother	мама	お母さん
135	丈夫	kugan	husband	муж	旦那
136	妻子	bierei	wife	жена	妻

续表

序号	汉语	东乡语	英语	俄语	日语
137	哥哥	gaga	brother	старший брат	お兄さん
138	姐姐	egechi	sister	старшая сестра	お姉さん
139	弟弟	zhiao	brother	младший брат	弟
140	妹妹	ochin zhiao	sister	младшая сестра	妹
141	儿子	kewon	son	сын	息子
142	女儿	ochin	daughter	дочь	娘
143	孙子	sunzi	grandson	внук	孫
144	姑姑	agu	aunt	тетя	叔母
145	叔叔	baba	uncle	дядя	叔父
146	姨姨	iniaŋ	aunt	тетя	叔母
147	舅舅	azhiu	uncle	дядя	叔父
148	朋友	anda	friend	друг	友達
149	官	noyen	official	чиновник	官吏
150	医生	shianshen	doctor	доктор	医者
151	教师	laoshi	teacher	учитель	教師

续表

序号	汉语	东乡语	英语	俄语	日语
152	职工	uiliechi	clerk	персонал	職員
153	农民	taranchi	farmer	крестьян	農民
154	学生	shieshenŋ	student	студент	学生
155	学校	shieshiao	school	школа	学校
156	食堂	bodangie	dinning hall	столовая	食堂
157	商场	shanzhian	department store	магазин	デパート
158	医院	iyan	hospital	больница	病院
159	房子	gie	house	дом	家
160	宾馆	zhian	hotel	отель	ホテル
161	门	uizhian	door	дверь	ドア
162	窗户	soŋko	window	окно	窓
163	桌子	shire	table/desk	стол	テーブル
164	椅子	bayi/yizi	chair	стул	椅子
165	碗	iga	bowl	чаша	碗
166	盘子	hamusa	plate	тарелка	お皿
167	筷子	chugu	chopsticks	палочки	お箸

续表

序号	汉语	东乡语	英语	俄语	日语
168	勺子	shimaɢa	spoon	ложка	スプン
169	羹匙	unuhaŋ	spoon	ложка	レンゲ
170	饭	bodan	rice	рис	ご飯
171	菜	cai	dish	овоши	野菜
172	面包	mianbao	bread	хлеб	パン
173	牛奶	fuɢie naizi	milk	молоко	牛乳
174	咖啡	kafei	coffee	кофе	コーヒー
175	茶	cha	tea	чай	お茶
176	酒	darasun	alcohol	вино	お酒
177	油	dosun/tosun	oil	масло	油
178	鸡蛋	endeɢei	egg	яйцо	卵
179	米饭	mifan	rice	рис	ご飯
180	汽车	chiche	car	машина	車
181	火车	hoche	train	поезд	汽車
182	飞机	feizhi	plane	самолёт	飛行機
183	公交车	ɢoŋzhiaoche	bus	автобус	バス
184	电话	zhienhua	telephone	телефон	電話

续表

序号	汉语	东乡语	英语	俄语	日语
185	道路	mo	road	дорога	道路
186	衣服	zhian	clothes	одежда	洋服
187	鞋子	hai	shoe	туфли	靴
188	帽子	malaga	hat/cap	шляпа	帽子
189	上衣	zhian	coat	пальто	上着
190	裤子	medun	pants/ trousers	брюки	ズボン
191	裙子	gomei	dress	платье	スカート
192	价格	zhiachian	price	цена	値段
193	钱	bagei/ miengu/bar	money	деньги	お金
194	我	bi	I	я	私
195	你	chi	you	ты	あなた
196	她/他	tere	she/he	он，она	彼女＊彼
197	我们	bizhien	we	мы	私たち
198	你们	ta	you	вы	あなたたち
199	他们	egesila hela	they	они	彼ら

续表

序号	汉语	东乡语	英语	俄语	日语
200	这	ene	this	это	これ
201	那	he	that	то	それ，あれ
202	哪	ali	which	где	どれ
203	谁	kien	who	кто	だれ
204	什么	yaŋ	what	что	なに
205	多少	giedugan	how many/much	сколько	いくら
206	几个	kedun	how many	несколько	いくつ
207	上	zhiere	up	наверху	上
208	下	doura	down	внизу	下
209	前	meilie/namian	front	перед	前
210	后	kuina	back	зади	後
211	中	dunda	middle	середина	中
212	里	sudoro/tudoro	inside	внутри	中
213	外	gadane	outside	вне	外
214	好	gao	good	хорошо	よい

续表

序号	汉语	东乡语	英语	俄语	日语
215	坏	mou	bad	плохо	悪い
216	快	guzhin/ gudun	quick/fast	быстро	速い
217	慢	udan	slow	медленно	遅い
218	大	fugie	big/large	большой	大きい
219	小	ga	small	маленький	小さい
220	高	undu	tall/high	высокий	高い
221	低	bogoni	low	низкий	低い
222	宽	agui	wide	широкий	広い
223	窄	narun	narrow	узкий	狭い
224	厚	zhuzhan	thick	толстый	厚い
225	薄	ninkien	thin	тонкий	薄い
226	长	fudu	long	долкий	長い
227	短	bogoni	short	короткий	短い
228	冷	kuichien	cold	холодный	冷たい
229	暖	unchu	warm	тёплый	暖かい
230	热	kalun	hot	горячий	熱い

续表

序号	汉语	东乡语	英语	俄语	日语
231	新	shini	new	новый	新しい
232	旧	kuaichen	old	старый	古い
233	直	shulun	straight	прямой	まっすぐ
234	红	hulan	red	красный	赤
235	黄	shira	yellow	жёлтый	黄色
236	黑	kara	black	чёрный	黒
237	白	chigan	white	белый	白
238	绿	nogon	green	зелёный	緑
239	蓝	kugie	blue	синий	青
240	说	kielie	say	говорить	話す
241	叫	uru	call	позвать	呼ぶ
242	喊	uarada	shout	кричать	叫ぶ
243	吃	izhie	eat	есть	食べる
244	喝	ochi	drink	пить	飲む
245	看	uzhe	look/see	смотреть	見る
246	听	chanlie sonosu	listen/lear	слушать	聞く

续表

序号	汉语	东乡语	英语	俄语	日语
247	闻(用鼻子)	funchie	smell	нюхать	嗅ぐ
248	做	gie	do	делать	やる
249	教	suruga -	teach	научить	教える
250	学	suru	learn	учить	学ぶ
251	想	sana/sumula	think	думать	思う
252	抓	bari	grasp	поймать	つかむ
253	拿、要	bari/uguzhi	take	взять	取る、いる
254	拉	layi	drag	тянуть	引っ張る
255	推	unaga/tuiyi	pull	толкать	押す
256	抱	chiao	hug	обниматься	抱く
257	打	egi	hit	бить	打つ
258	坐	sao	sit	сидеть	座る
259	站	besi/bai	stand	стоять	立つ
260	踩	tayi -	step on	топтать	踏む
261	走	yawu -	walk	итди	歩く

续表

序号	汉语	东乡语	英语	俄语	日语
262	跑	holu –	run	бегать	走る
263	抬	zhanzhi –	lift	поднимать	上げる
264	进	oro –	enter	водить	入る
265	出	kiri –	exit	выйти	出る
266	放	tai	put	положить	置く
267	洗	uaga	wash	стирать	洗う
268	擦	sayi	wipe	тереть	拭く
269	挂	guayi	hang	висеть	掛ける
270	生气	ho kuru –	angry	сердиться	怒る
271	生	olu/kizhe	birth	родиться	生む
272	死	fugu	die	умирать	死ぬ
273	怕	ayi –	afraid	бояться	怖がる
274	忘	mata –	forget	забыть	忘れる
275	知道	meizhie	know	знать	知る
276	休息	hamura	rest	отдыхать	休む
277	睡	huntura	sleep	спать	寝る
278	醒	shieri	wake	просыпаться	覚める

续表

序号	汉语	东乡语	英语	俄语	日语
279	一	nie	one	один	一
280	二	gua	two	два	二
281	三	guran	three	три	三
282	四	zhieron	four	четыре	四
283	五	tawun	five	пять	五
284	六	zhigon	six	шесть	六
285	七	dolon	seven	семь	七
286	八	naiman	eight	восемь	八
287	九	yesun	nine	девять	九
288	十	haran	ten	десять	十
289	二十	korun/gua haran	twenty	двадцать	二十
290	五十	tawun haran	fifity	пятьдесят	五十
291	百	bei	hundred	сто	百
292	千	chien	thousand	тысяча	千
293	万	wan	ten thousand	десять тысяч	万

续表

序号	汉语	东乡语	英语	俄语	日语
294	亿	bewan	hundred million	сто милион	億
295	都	ashigan	all	совсем	すべて
296	很	hudu/hende fugie chu/ oto（最）	very	очень	とても
297	非常	yaganie	extremely	чрезвычайно	非常に
298	已经	yizhin	already	уже	すでに
299	马上	daigo	at once	сразу	すぐに
300	然后	kuina	then	потом	それで

东乡族节日

节日名称	节日主要内容
阿舒拉节	“阿舒拉节”一词是阿拉伯语音译，意思是“10”，即伊斯兰教教历的一月十日。东乡族人很重视这个节日。在东乡，阿舒拉节主要是妇女儿童们聚会的节日，每年由各家主妇轮流操办。一个村子里，哪位掌家的妇女吃上鸡头，明年就轮到她操办，其余各家各户只出一些小麦和清油。节日这一天，男人们念过经，做过祈祷仪式后，简单吃完饭就走了，剩下妇女儿童，边吃边聊天
圣纪节	圣纪节是伊斯兰教节日之一。是纪念穆罕默德诞辰和逝世的节日，是以纪念穆罕默德圣人，并学习他的品德、作风、精神为主要内容的节日。圣纪节定在希吉拉历三月十二日。这也是穆罕默德诞辰和逝世的日子

续表

节日名称	节日主要内容
开斋节	开斋节，在每年的斋月之后。斋月是按伊斯兰教而定的，伊斯兰教历亦称“希吉拉历”，规定希吉拉历的九月为斋月。当一个月的斋戒完成后，隆重热烈的开斋节就到了。各家各户都准备欢度节日。斋月满后的第二天，就是开斋节。这一天清早，男女老幼都穿上自己最好的衣服，个个喜气洋洋。凡12岁以上的男子，首先穿上新衣，戴上洁净的号帽，去参加会礼。会礼是节日的最主要的宗教活动。会礼的主要程序是：先由阿訇讲“瓦尔慈”（经典讲义），然后由阿訇带领大家礼拜。会礼结束后，人们便互道“色兰”，相互祝福，然后各自回家。开斋节既是人们欢乐喜庆的节日，同时也是纪念亡人、怀念故去亲人的日子，一般在会礼结束后，人们便去给亡人上坟
古尔邦节	古尔邦系宰牲、献牲之意，故也叫“宰牲节”，伊斯兰教历规定，每年麦加朝圣的最后一天，即伊斯兰教历十二月十日，为古尔邦节。这个节来源于一个完整的宗教传说。相传，先知易卜拉欣夜晚梦见安拉命他宰杀爱子伊斯玛依献祭，考验他对安拉的忠诚。易卜拉欣遂受命宰杀伊斯玛依，真主确认了他的忠诚之后，派天仙送来一只黑头白身的羚羊代替了伊斯玛依。后来穆罕默德就把伊斯兰教历十二月十日作为古尔邦节而规定下来，沿袭至今。过古尔邦节时，男子去参加会礼，会礼结束后，人们便开始宰牛宰羊。伊斯兰教规定，凡有条

续表

节日名称	节日主要内容
古尔邦节	件者，每人要宰一只羊，或七人合宰一头牛或一峰骆驼。不宰两岁以下的小羊和不满三岁的牛、骆驼，且眼瞎、腿瘸、割耳、少尾的牲畜不在宰牲之列，要选健壮美观者。所宰的肉要分送亲友，济贫施舍，不能全部自食，更不能留待自家日后慢用

后 语

在我国55个少数民族的366句会话系列读本的编写过程中，我们首先得到中国社会科学院有关领导、科研局，社会科学文献出版社的大力支持和关心，得到了民族同胞们的发音合作，以及口语资料的提供及协助整理调查。此外，中国社会科学院研究生院王晓明教授进行了英语口语翻译，该院俄语副教授栗瑞雪进行了俄语口语翻译，院民族所布日古德博士进行了日语口语翻译等工作。特别是，该课题组成员和编辑人员的高度使命感、责任心和敬业态度及其精神使这一富有语言文化抢救、保护、传承、弘扬性质的民族语言口语知识课题得以按部就班地顺利实施，并按原定计划予以出版。我们真诚地希望，这一55个少数民族的366句会话读本，能够为我国民族语言文化的繁荣发展发挥应有作用，同时对我国民族语言文化知识的传承、传播，以及对外宣传我国民族语言文化保护政策起到积极的推动作用。

在此，对于关心民族语言文化事业的人们，并为此付出辛勤劳动和心血的人们，再一次表示深深的谢意和最为崇高的敬意！但愿，我们的这套丛书，能够留下我们共同度过的快乐的劳动时光，能够留下我们美好的心愿，能够留下这些弥足珍贵的人类语言知识和文化遗产。

Postscript

During the preparation of this series, we received a lot of support and encouragement from the leadership of the Chinese Academy of Social Sciences, the Research Bureau and the Social Sciences Academic Press. Our national compatriots also cooperated with us by helping us with the pronunciation of their ethnic minority language and the organization of oral materials. We want to thank Professor Wang Xiaoming of the Graduate School of the Chinese Academy of Social Sciences for the oral English translation and Associate Professor Li Ruixue, who also works in the Graduate School of the Chinese Academy of Social Sciences for the oral Russian translation. We are also grateful to Dr. Buri Gude, a researcher with the Chinese Academy of Social Sciences, for his oral Japanese translation. In particular, all the participants in this project showed a strong sense of commitment in completing the research and its publication successfully. We sincerely hope that this collection of 366 sentences in 55 minority ethnic languages can play a role in promoting the flourishing and development of China's ethnic languages and cultures, and in the preservation and dissemination of our ethnic language heritage. We also hope that, it can be helpful toward allowing the international community to better understand China's policies for ethnic language preservation.

Here, we once again express our deep gratitude toward and the highest respect for the people who have been concerned about our nation's ethnic languages and cultures and working hard in this field. Finally, we hope this series can provide a record of the wonderful time we spent together working on this project, and of our best wishes for our nation's cultures. In the meantime, we hope it can preserve our precious human language knowledge and cultural heritage.

Заключение

Когда мы составляли эту серию 《366 фраз диалогических речей по 55 национальностям Китая》, мы получили большую поддержку и заботу от руководителей АОН, от руководителей из научно – исследавательского бюро АОН, от руководителей из Издательства документов общественных наук. Мы ещё получили эффективное сотрудничесво по произношении и предоставлении разговорных информациях от товарищей национального меньшинства. В этой книге часть на английском языке переведена профессором Вань Саомин, часть на русском языке переведена профессором Су ЖуйЩей, часть на японскои языке переведена доктором Бургуде. Все наши работники прилежно работали с миссей и чувством и поэтому выполнили эту задачу во срок.

Надеемся на то, чтобы《366 фраз диалогических речей по 55 национальностям Китая》могли играть достоинную роль в деле процветании и развитии национальных языковых культур нашей страны.

Хотим ещё раз благодарить всем, которые отдали свои усердный труд для этих книг, и выразить им наше глубокое уважение. Будем всегда запомнить такое прекрасное время, когда мы вместе работали над этими книгами. Желаем, приложив совместные усилия, чтоюы мы смогли сохранить эти драгоценные знания национальных языков и культурное наследство человечества.

あとがき

55の少数民族の366句会話読本シリーズを編纂するにあたって、中国社会科学院・科研局・社会科学院文献出版社の関係各位から、多大な支持と関心が寄せられた。同時に、当該民族のインフォーマントの方々から、発音と口語資料整理につき、数々の御協力を得ることが出来た。さらに、中国社会科学院研究生院の王暁明教授に英訳、栗瑞雪副教授にロシア語訳、当院の民族学・人類学研究所の布日古徳博士に日本語訳をお願いした。

プロジェクトのメンバーと編集者は、出版にあたって、強い使命感と責任感をもって取り組んだが、そのためプロジェクトは順調に進み、計画通り出版されるに至った。

この366句会話資料が、私達の国の民族言語文化の繁栄と発展に寄与すると同時に、民族言語文化知識の伝承や民族言語文化の保護などの優れた民族政策を、対外的に宣伝する役割を果たすことを切実に願っている。最後に再び、言語文化事業に関心を寄せる人、またこの事業に心血を注いだ方々に、心からの謝意と敬意を払いたいと思う。この読本シリーズが出版されることにより、人類の貴重な言語知識と文化遺産が記録されるのは当然のこととして、さらに、私達が作業に励んだ楽しい時間や、なによりも私達の心からの願いが記録されることであろう。

图书在版编目（CIP）数据

东乡语366句会话句/哈申格日乐著. —北京：社会科学文献出版社，2014.2
ISBN 978-7-5097-5333-0

Ⅰ.①东… Ⅱ.①哈… Ⅲ.①东乡语-口语 Ⅳ.①H233.94

中国版本图书馆CIP数据核字（2013）第278715号

东乡语366句会话句

著　　者／哈申格日乐

出 版 人／谢寿光
出 版 者／社会科学文献出版社
地　　址／北京市西城区北三环中路甲29号院3号楼华龙大厦
邮政编码／100029

责任部门／人文分社（010）59367215
电子信箱／renwen@ssap.cn
项目统筹／宋月华　范　迎
责任编辑／范　迎　王玉霞　梁　帆　张苏琴　胡　亮
责任印制／岳　阳
经　　销／社会科学文献出版社市场营销中心
　　　　　（010）59367081　59367089
读者服务／读者服务中心（010）59367028

印　　装／三河市尚艺印装有限公司
开　　本／889mm×1194mm　1/32　　印　　张／6.375
版　　次／2014年2月第1版　　字　　数／107千字
印　　次／2014年2月第1次印刷
书　　号／ISBN 978-7-5097-5333-0
定　　价／35.00元